도올만화논어 4

도올만화논어 4
술이·태백·자한·향당·선진

공자 원작 | 도올 역주 | 보현 만화

통나무

도올만화논어 4

차례

7
술이제칠(述而第七)

61
태백제팔(泰伯第八)

95
자한제구(子罕第九)

141
향당제십(鄕黨第十)

187
선진제십일(先進第十一)

235
부록 만화

245
상세 목차

술이제칠(述而第七)

7-1 子曰: "述而不作, 信而好古, 竊比於我老彭."
자왈　술이부작　신이호고　절비어아노팽

공자께서 말씀하셨다.

"나는 전해 내려오는 것을 술(述)하였으되
새로 창작하지는 않았다.
나는 옛것을 신험하였고, 좋아하였다.
나를 슬며시 노팽(老彭)에 견주노라."

선진시대의 문헌에서 '작(作)'은 특별한 의미를 갖습니다.

선진(先秦)
: 진의 시황제가 중국을 통일(BC 221)하기 이전의 시대

술 이 부 작
述而不作

옛것을 전하였을 뿐 새로 만들어내지는 않았다.

述 : 언어로 지어서 전하다
作 : 처음 만들어냄

여기서 '작(作)'은 단순한 창작이 아니라 문명의 질서를 최초로 창조한다는 의미로서,

컬쳐럴 히어로즈
cultural heoros

처음으로 올리브 나무를 심고 — 아테나 폴리아스
옷감 짜는 기술 발명 — 아테나 에르가네

문명을 만든 신이나 영웅들의 창작 행위를 말합니다.

컬쳐 브링어즈
culture-bringers

농업 기술을! — 데메테르
포도 재배를 — 디오니수스
온갖 생활 기술들을 발명! — 프로메테우스

〈한비자〉[오두]편에 실려 있는 이야기도

유소씨 — 기둥을 세워 집을 짓게 함.
수인씨 — 음식을 불에 익혀 먹게 함.

모두 컬쳐 브링어즈의 이야기들이죠.

곤·우 부자 — 홍수를 다스림.
복희 — 물고기를 잡고 가축을 기르게 함.
신농씨 — 농업과 약재를 다루는 법을 알림.

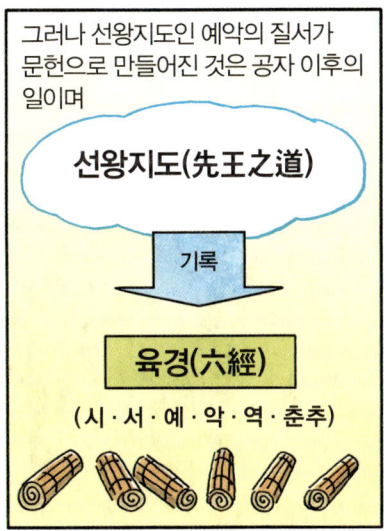

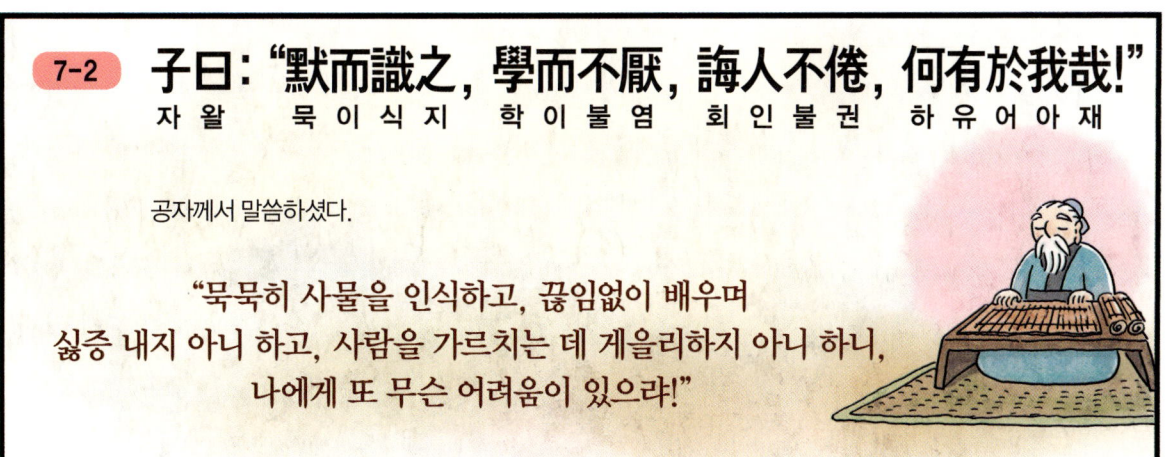
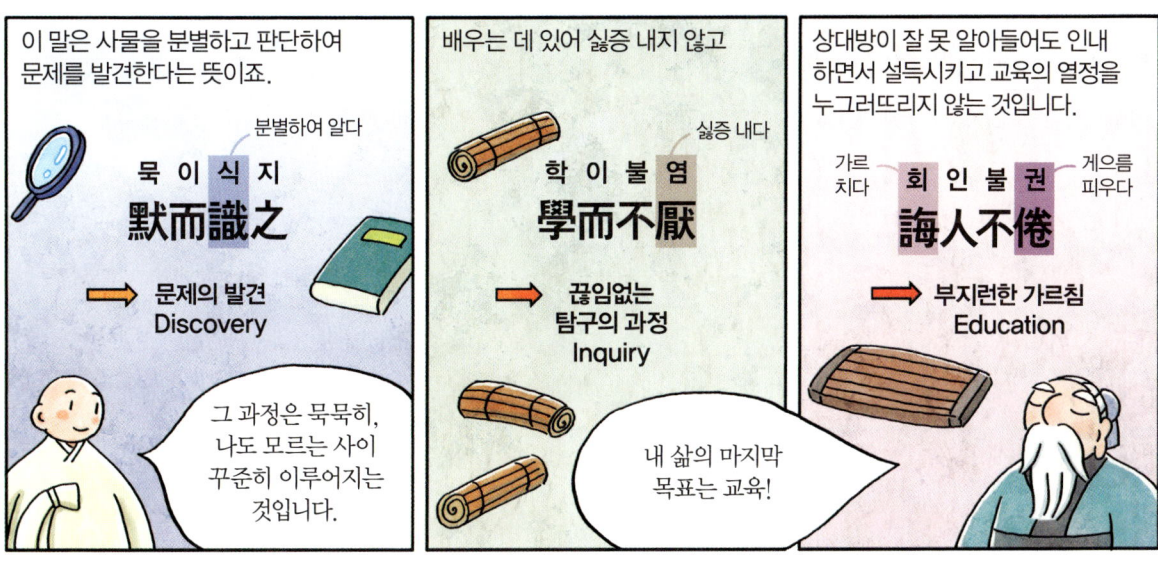

7-3 子曰:"德之不修, 學之不講, 聞義不能徙,
자왈 덕지불수 학지불강 문의불능사

不善不能改, 是吾憂也."
불선불능개 시오우야

공자께서 말씀하셨다. "덕(德)이 잘 닦이지 않는 것, 배운 것을 잘 강습하지 못하는 것, 의(義)를 듣고도 실천하지 못하는 것, 나에게 불선(不善)이 있는 것을 알고도 고치지 못하는 것, 이것이 평소 나의 삶의 걱정이다."

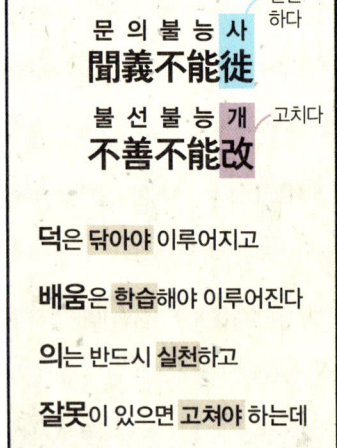

7-4 子之燕居, 申申如也, 夭夭如也.
자 지 연 거   신 신 여 야   요 요 여 야

공자께서 공무로 밖에 나가지 않으시고
집에 한가로이 계실 적에는 그 모습이
날개를 사뿐히 펼친 듯했고,
얼굴엔 화색이 돌아 광채가 났다.

1, 2, 3장 모두 공자의 학문에 대한 치열한 정신을 보여준 뒤

7-1 자왈: "술이부작…"
7-2 자왈: "묵이식지…"
7-3 자왈: "덕지불수…"

4장에서는 한가롭고 온화한 일상 속 공자의 모습이 나와

연거(燕居)
: 특별히 하는 일 없이 한가하게 있음

스승님, 뭐하세요?

마치 자유로운 재즈 명곡을 듣는 느낌을 주고 있습니다.

신신(申申)
: 편안하게 주욱 펴진 상태

'신신', '요요' 등 같은 글자가 겹쳐진 말은 글자의 뜻을 벗어나 독자적인 의미를 가질 때가 많죠.

도요(桃夭) 복숭아 나무

도 지 요 요 桃之夭夭	복숭아 나무 어리고 싱싱한 모습
작 작 기 화 灼灼其華	붉게 빛나네 그 꽃이여
지 자 우 귀 之子于歸	이 새악시 시집가네
선 기 실 가 宣其室家	그 시집을 꽃 피우리

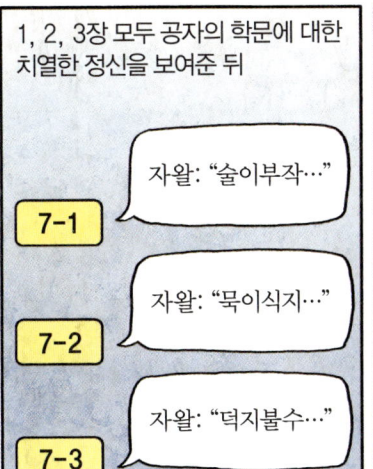

공자는 비록 칠순이 넘었지만 집에 한가로이 있을 때는 싱싱한 광채가 배어나오는 그런 젊은 모습이었을 테고

요요(夭夭) 하십니다~

측근의 제자 중 한 사람이 그런 공자의 모습을 전하고 싶었나 봅니다.

자유로운 인간이었던 공자, 해탈한 사람이란 바로 그런 모습이었겠죠?

술이제칠(述而第七)

7-5 子曰: "甚矣吾衰也! 久矣吾不復夢見周公!"
자왈 심의오쇠야 구의오불부몽견주공

공자께서 말씀하셨다.

"심하도다, 스러져가는 나의 몸이여!
오래되었구나, 꿈에서 주공(周公)을
다시 보지 못한 지가!"

주공은 공자보다 600년 전의 사람으로, 공자가 주공을 직접 만났을 리는 없습니다.

> 주공을 뵈러 가볼까?

그런데 공자는 젊었을 때 꿈에서 주공을 수없이 만났던 모양이네요.

> 꿈속에서 꿈(★)이 이루어졌다~

이제 노년의 공자에게는 그 꿈마저 희미하게 사라져 가고 있습니다.

> 휴우... 잠도 잘 안 와…

주자는 공자가 주공의 도를 포기한 것으로 보았지만

> 공자가 젊고 왕성할 때에는 그 뜻이 주공의 도를 실천하는 데 있었다. 그러므로 꿈속에서 주공을 만났을 수도 있다…
> 그러나 노경에 이르러서 주공의 도를 실천할 수 없게 되자, 다시 그러한 마음도 사라지고 꿈도 사라지게 되었다.

> 늙으면 마음도 약해지지…

저는 그렇게 생각하지 않습니다.

> 공자가 노년에 포기한 것은 정치적 실천의 꿈이지, 주공의 도를 포기한 것이 아닙니다.
> 따라서 이 장의 공자의 말은 주공을 향한 단순한 그리움의 탄식일 뿐이죠.

> 아무리 늙었다 해도 젊을 때의 이상과 그 이상을 실천하려는 의욕이 상실된다면 성인의 자격이 없습니다.
> 마음은 그대로인데도 몸이 따라주지 않는 현실을 이야기한 것이죠.

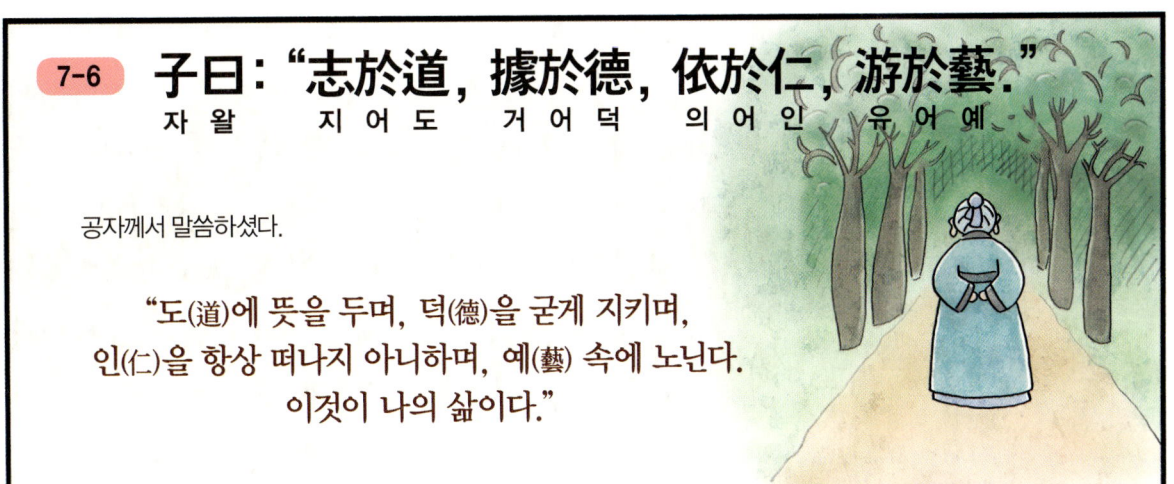

7-6 子曰: "志於道, 據於德, 依於仁, 游於藝."
자왈　지어도　거어덕　의어인　유어예

공자께서 말씀하셨다.

"도(道)에 뜻을 두며, 덕(德)을 굳게 지키며,
인(仁)을 항상 떠나지 아니하며, 예(藝) 속에 노닌다.
이것이 나의 삶이다."

술이제칠(述而第七)

7-7 子曰:"自行束脩以上, 吾未嘗無誨焉."
자왈 자행속수이상 오미상무회언

공자께서 말씀하셨다.

"한 다발의 육포라도 가지고 와서 예를 갖추면 나는 누구든지 가르쳐주지 않은 적이 없었다."

배움은 '공짜'가 되면 안 됩니다.

공짜로 배우려는 사람도 성의가 없는 것이고, 공짜로 가르쳐주려는 사람도 책임감이 없는 것이죠.

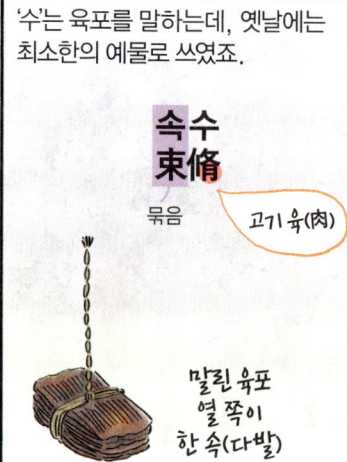

'수'는 육포를 말하는데, 옛날에는 최소한의 예물로 쓰였죠.

속수
束脩
묶음 고기 육(肉)

말린 육포 열 쪽이 한 속(다발)

이것은 공자의 진실한 말일 겁니다.

그 정도 성의 표시를 하고 배움을 청하는 자에겐 누구든지 가르쳐주지 않은 적이 없다.

공자에게 배우러 오는 사람들은 매우 구체적인 기예를 익히러 오는 사람들이었는데

공구 음악학원
개별지도 예술

누구든 적은 돈을 내고 다닐 수 있는 요즘의 피아노 학원 정도의 느낌이었을 겁니다.

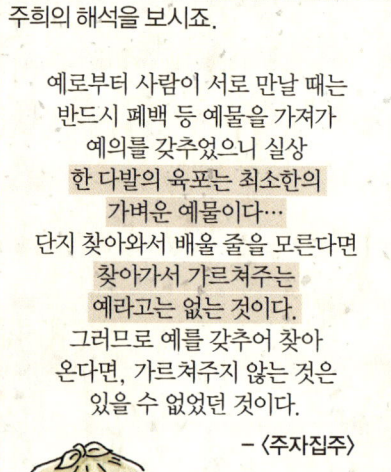

주희의 해석을 보시죠.

예로부터 사람이 서로 만날 때는 반드시 폐백 등 예물을 가져가 예의를 갖추었으니 실상 한 다발의 육포는 최소한의 가벼운 예물이다…
단지 찾아와서 배울 줄을 모른다면 찾아가서 가르쳐주는 예라고는 없는 것이다. 그러므로 예를 갖추어 찾아온다면, 가르쳐주지 않는 것은 있을 수 없었던 것이다.
- 〈주자집주〉

배우러 찾아오지 않는 자를 찾아가 가르치는 예는 없다!

주자의 말이 천하의 명언입니다. 보편적인 교육은 제도적으로 해결되어야 하지만,

고등교육은 반드시 스스로의 의지가 있어야 하죠.

땅끝 전파

7-8 子曰:"不憤不啓, 不悱不發. 舉一隅不以三隅反, 則不復也."
자왈 불분불계 불비불발 거일우불이삼우반 즉불부야

공자께서 말씀하셨다.

"나는 분발치 아니하는 학생을 계도하려고 노력하지 않는다.
의심이 축적되어 고민하는 학생이 아니면 촉발시켜 주려고 노력하지 않는다.
한 꼭지를 말해주어 세 꼭지로써 반추할 줄 모르면
더 반복하지 않고 기다릴 뿐이다."

술이제칠(述而第七)

7-9 子食於有喪者之側, 未嘗飽也. 子於是日哭則不歌.
자 식 어 유 상 자 지 측   미 상 포 야   자 어 시 일 곡 즉 불 가

공자께서 초상 치르는 사람 곁에서 식사를 하실 때에는
배불리 드시는 적이 없었다.
공자께서 이 날에 곡(哭)을 하시면 그 자리를 뜬 후에도
노래를 부르시는 법이 없었다.

너무 사소한 내용이라 별 의미가 없어 보일 수도 있지만, 공자라는 인간을 느끼게 해주는 중요한 장입니다.

원래 두 개의 장이었는데 편집자들이 하나로 묶어서 그 느낌을 더 강하게 했죠.

공자는 상례의 전문가로서 장례를 돕는 일을 했죠.

상자
喪者 — 초상을 치르는 사람들

그러다 보면 상주와 같이 밥을 먹게 되는데...

이때 배부르게 먹지 않는 것은 겉치레가 아니라 실제 주변 사람들의 감정에 마음을 쓴 겁니다.

어묵이~
꾸운껰~
안녕어감

또, 곡(哭)을 한 후 집에 와서도 그 감정을 계속 이어갔죠.

아이고~

차분...

오늘은 집에서 노래를 부르지 않겠다.

이런 날을 제외하면 공자는 항상 집에서 노래를 불렀나 봅니다.

또 시작 하셨어.

매일 저렇게 부르시니 시(詩)를 다 외우시지.

매일 집에서 노래를 불렀던 재즈 아티스트, 공자.

노래는 잘 부르고 못 부르고의 문제가 아닙니다. 노래를 즐겨 듣고 즐겨 부르면 남의 귀에도 순하게 들리게 되죠.

7-10 子謂顏淵曰: "用之則行, 舍之則藏, 惟我與爾有是夫!"
자 위 안 연 왈　용 지 즉 행　사 지 즉 장　유 아 여 이 유 시 부

공자께서 안연을 앞에 두고 말씀하셨다.

"세상이 기용하면 정확히 행동하고 세상이 버리면
조용히 숨어 지낼 수 있는 미덕을 지닌 자,
오직 너와 나밖에는 없겠지."

子路曰: "子行三軍, 則誰與?"
자 로 왈　자 행 삼 군　즉 수 여

옆에 있던 자로가 질투가 나서 여쭈었다.

"선생님께서 세 군단의 대군을 이끌고
전쟁터에 나가야 한다면
누굴 데리고 가시겠습니까?"

子曰: "暴虎馮河, 死而無悔者, 吾不與也.
자 왈　포 호 빙 하　사 이 무 회 자　오 불 여 야
必也臨事而懼, 好謀而成者也."
필 야 임 사 이 구　호 모 이 성 자 야

공자께서 말씀하셨다.

"호랑이를 맨손으로 때려잡으려 하고 큰 강을 맨몸으로
건너려 하면서 죽어도 후회없다고 외치는 그런 놈하고
난 같이 가지 않아. 일에 임하면 두려워할 줄 알고,
뭔 일이든 꼼꼼히 생각해서 꼭 성공시키는 사람,
난 반드시 그런 사람과 같이 갈 거야."

술이제칠(述而第七)

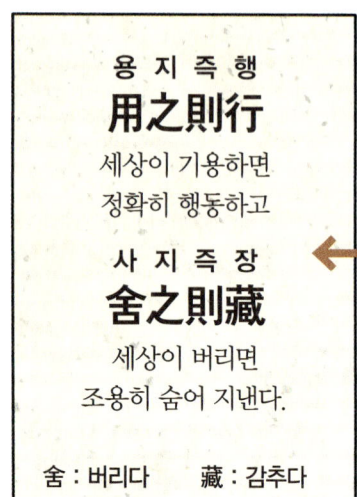

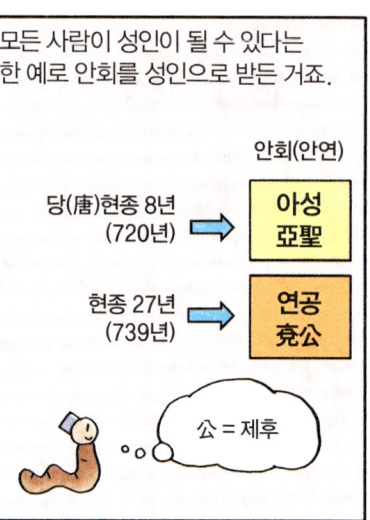

7-12 子之所愼: 齊, 戰, 疾.
자 지 소 신   재   전   질

공자께서 평소 신중하게 대처하시는 것이 셋 있었다.

: 재계(齋戒), 전쟁(戰爭), 질병(疾病).

공자가 살았던 시대의 노나라나 제나라와 같은 나라들은

모두 고대 그리스의 폴리스와도 같은 도시국가들이었죠. 도시국가는 기본적으로 전쟁국가로,

전쟁에 관한 일은 모든 국인(國人)의 의무이며 생존이 걸린 문제로 신중히 대처하지 않을 수 없었습니다.

또한 당시에 전쟁과 더불어 가장 중요한 일은 제사를 지내는 일이었는데

제사를 지내기 위해서는 반드시 목욕재계라는 과정을 거쳐야 했죠.

목욕재계(沐浴齋戒)
: 제사를 앞두고 목욕하며 부정을 피하고 마음을 가다듬는 일

옛날에는 더운 물로 몸을 한 번 씻는 일이 큰일에 속했습니다.

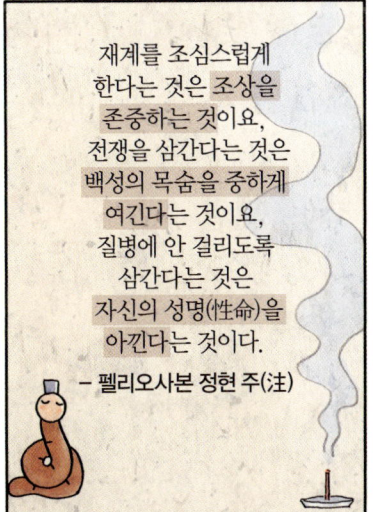

7-13 子在齊聞韶, 三月不知肉味. 曰: "不圖爲樂之至於斯也."
자재제문소 삼월부지육미 왈 부도위악지지어사야

공자께서 제나라에서 순임금의 소(韶) 음악을 듣고
배우실 적에 삼 개월 동안 고기 맛을 잊어버릴 정도로 열중하셨다.
그리고 말씀하셨다.

"한 악곡의 창작이 이러한 경지에 이를 줄은
꿈에도 생각하지 못했다."

예술가로서의 공자를 잘 말해주는 장입니다.
새로운 음악의 발견과 도전, 강렬한 배움의 기쁨, 예술적 경지를 뛰어넘음, 이 모든 것이 한꺼번에 들어 있죠.

[공자세가]에는 공자가 35세 때 제나라에 가서 고소자의 가신이 되었고
노소공이 계평자를 공격했다가 오히려 삼환의 연합군에 패해 제나라로 달아난 그 즈음…
계평자 맹손 숙손
[팔일]편 1장

제나라 경공과 만났으며, 그 즈음 소(韶) 음악을 배우게 됐다는 기록이 있습니다.
어지러운 노나라를 떠나 제나라로 유학 가자.
노

그런데 문제는, 소 음악은 누구나 쉽게 들을 수 있는 음악이 아니었다는 겁니다.
소韶
국립 국악원에서나 들을 수 있는 관현악 오케스트라

벼슬도 없는 젊은이였던 공자가 무슨 수로 소악을 들을 수 있었는지 모르지만
혹시 이런 상황?
가난한 유학생인데 우리 연습하는 걸 보고 싶다고? 그러게.
감사합니다!

어쨌든 그때 공자가 들었던 장중한 오케스트라는 공자 삶의 큰 전환점이 되었을 것입니다.
부지육미 不知肉味
'부지육미'는 고기를 안 먹었다기 보다
아무리 맛있는 고기 음식을 먹어도 그 맛이 느껴지지 않을 정도로 무언가에 열중해 있는 상태를 나타낸 표현이죠.

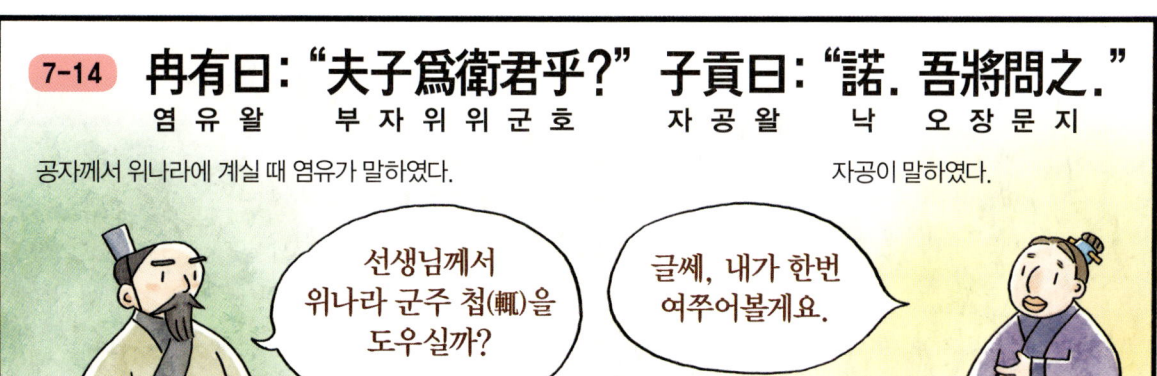
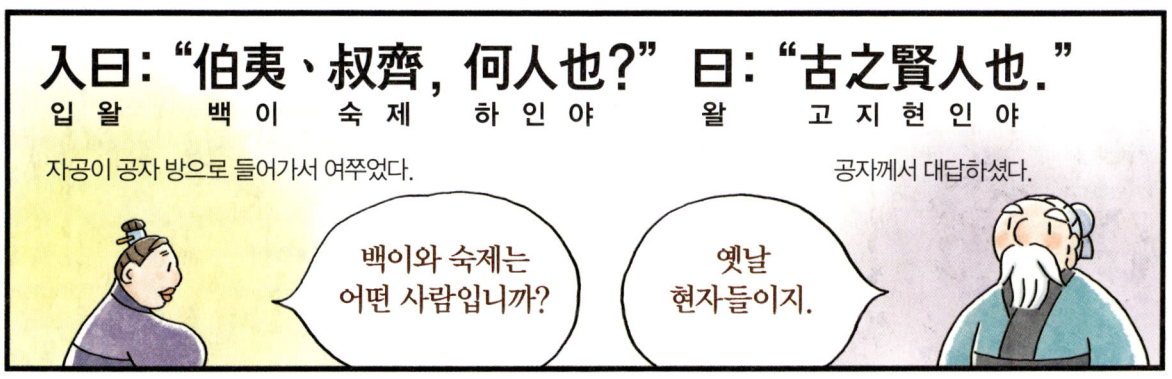
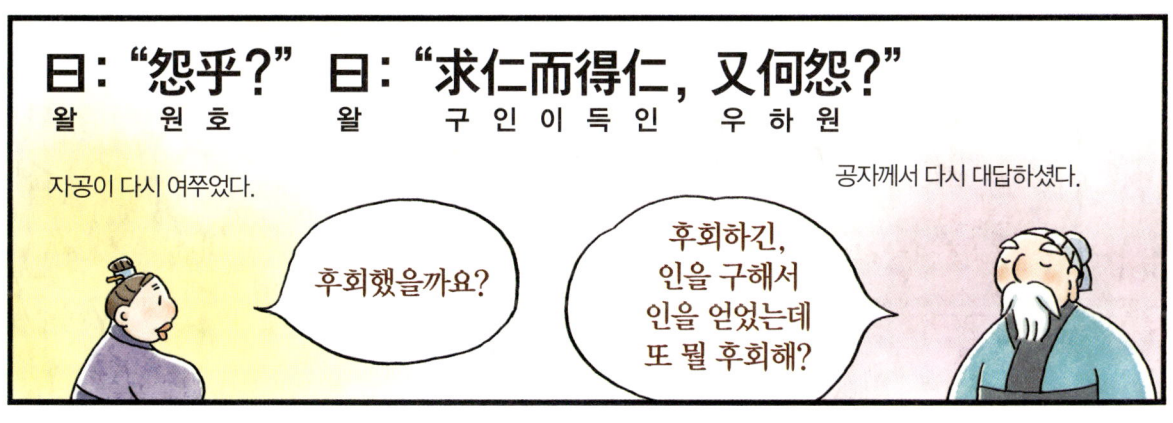

7-15

子曰: "飯疏食飮水, 曲肱而枕之, 樂亦在其中矣.
자왈   반소사음수   곡굉이침지   낙역재기중의

不義而富且貴, 於我如浮雲."
불의이부차귀   어아여부운

공자께서 말씀하셨다. "거친 밥 먹고 물 마시며, 팔을 굽혀 베개 삼더라도, 나의 즐거움은 이 속에 있노라. 의롭지 못하게 부(富)를 얻고 높은 지위를 얻는 것은, 나에게는 뜬구름일 뿐."

반소사음수
飯疏食飮水

거친 밥을 먹고 물 마시다.

飯 : 밥 먹다
疏 : 거칠다
食 : 밥의 뜻일 때 '사'로 읽음
飮 : 마시다

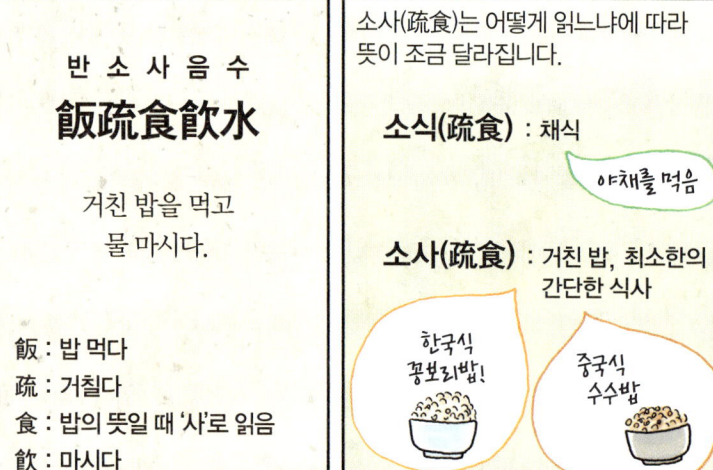

소사(疏食)는 어떻게 읽느냐에 따라 뜻이 조금 달라집니다.

소식(疏食) : 채식
  야채를 먹음

소사(疏食) : 거친 밥, 최소한의 간단한 식사
  한국식 꽁보리밥!   중국식 수수밥

곡굉이침지
曲肱而枕之

팔을 굽혀 베개를 삼다.

肱 : 팔뚝
枕 : 베개, 베개를 베다

'뜬구름'에 대해선 여러 해석이 있는데

부운(浮雲)

부귀를 의로움으로써 얻지 않았으니 **나와는 상관없는** 것이다.

정현

비슷하면서 조금씩 다른 느낌이죠.

황간

불의(不義)한 부귀는 **순식간에 흩어진다.** (덧없다)

불의한 부귀는 **있으나 마나 한 것이다.** 그래서 나의 내면에 전혀 영향을 주지 않는다.

주자

공자 말년의 달관된 경지를 나타내는 말입니다.

반소사음수하고 **곡굉이침지**하면서도 그 속에서 즐거움을 발견하는 삶!

부족함이 없는데도 공연히 스트레스를 받고 사는 많은 현대인들이 본받아야 할 이상적 경지가 아닐까요!

7-16 子曰：“加我數年, 五十以學易, 可以無大過矣.”
자왈 가아수년 오십이학역 가이무대과의

공자께서 말씀하셨다.

"하늘이 내게 몇 년의 수명만 더해준다면,
드디어 나는 〈주역〉을 배울 것이다.
그리하면 나에게 큰 허물이 없으리."

굉장히 해석의 여지가 많은 장이지만, 저는 주자의 신주를 따랐습니다.

가 아 수 년
加我數年

나에게 몇 년을 빌려준다면

加 : 빌려주다(가假)

나에게 몇 년을 더 빌려준다면, 지금 공부하는 대로 계속 더해나가면서 나는 〈역〉에 있어서는 온전한 수준에 도달할 수 있을 것이다.
— [공자세가]

주자는 〈사기〉에 나오는 대로 가(加)를 '빌려주다'로 해석했죠.

오 십 이 학 역
五十以學易

드디어 나는 〈주역〉을 배울 것이다.

五十(→卒) : 드디어, 기필코
易 : 주역

또, 주자는 어릴 적 스승으로부터 배운 대로, '오십(五十)'을 '졸(卒)'로 봅니다.

주희의 스승, 장인
유빙군

'졸(卒)'과 '오십(五十)'은 글자 형태가 비슷하여 잘못 쓰기 쉽다.

드디어, 결국, 마침내

여기서 '역(易)'은 〈주역〉을 말하죠.

역(易) = 역경(易經)
    = 주역(周易)
    (주나라의 역)

육경(六經) 중 하나 { 시경 / 서경 / 예기 / 춘추 / 악기 / 역경 }

술이제칠(述而第七)

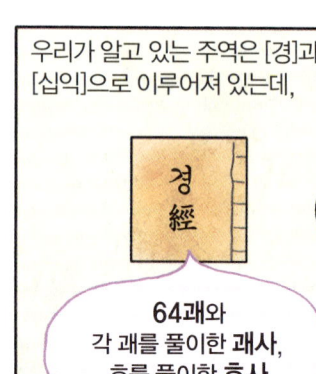
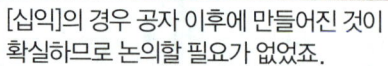
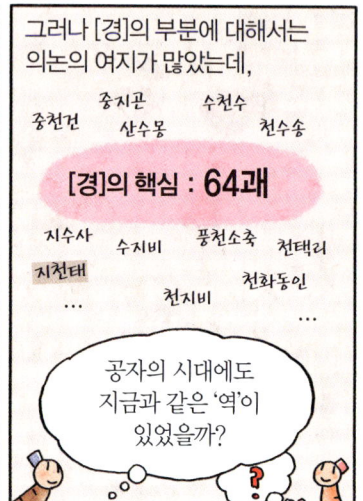

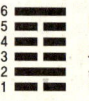

7-17 子所雅言, 詩·書·執禮, 皆雅言也.
자소아언 시 서 집례 개아언야

공자께서 아언(雅言)으로 말씀하신 바는,
〈시詩〉를 읽으실 때, 〈서書〉를 읽으실 때,
그리고 중요한 의례를 집행하실 때였다.
이때 말씀하신 것은 모두 아언이었다.

이 장의 해석에 관해서는 이미 음운학자들 간에 의견이 일치되고 있습니다.

음운학(音韻學): 한자의 음과 소리를 연구하는 학문

아언 雅言

'아언'이란 글자 그대로 '우아한 말'이죠.

그러나 우아함에도 명확한 기준이 필요합니다.

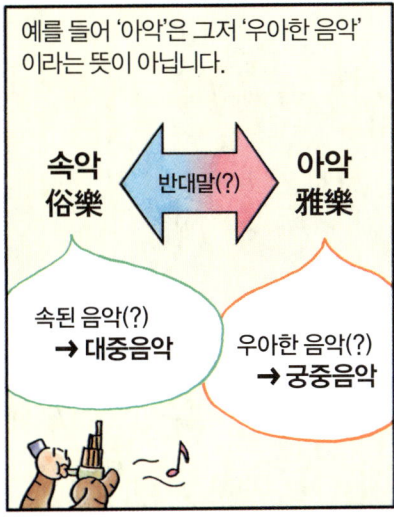

예를 들어 '아악'은 그저 '우아한 음악'이라는 뜻이 아닙니다.

속악 俗樂 ← 반대말(?) → 아악 雅樂

속된 음악(?) → 대중음악

우아한 음악(?) → 궁중음악

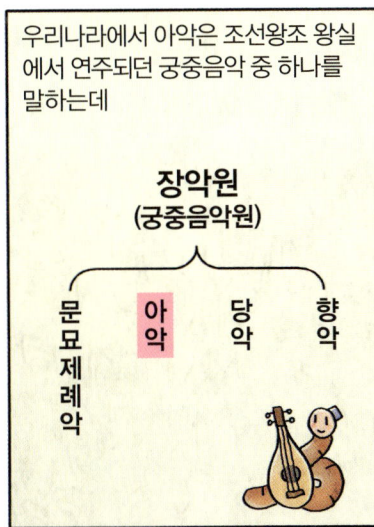

우리나라에서 아악은 조선왕조 왕실에서 연주되던 궁중음악 중 하나를 말하는데

장악원 (궁중음악원)
문묘제례악 / 아악 / 당악 / 향악

당시에도 제후국들 사이에 사투리가 너무 심해서 공식적인 행사에서는 주나라 왕실의 언어를 사용했습니다.

뭐라 카노.
거시기 허네~
표준말

공자 당시는 동주시대였으므로 현재 낙양 지역의 말이 공용 표준어로 쓰였죠.

서주(西周)의 수도 호경 → 천도 → 낙읍(낙양)
동주(東周)의 수도

술이제칠(述而第七)

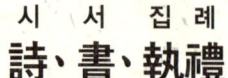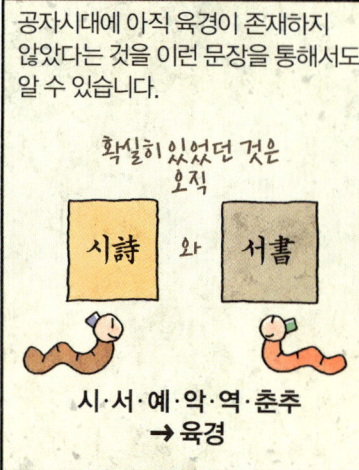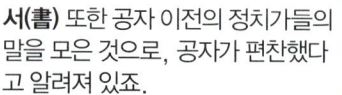

7-18 葉公問孔子於子路, 子路不對.
섭공문공자어자로　자로부대

섭공(葉公)이 공자의 사람됨(爲人)에 관하여
자로에게 물었다.
자로는 대답하지 않았다.

子曰:"女奚不曰, 其爲人也, 發憤忘食, 樂以忘憂,
자왈　여해불왈　기위인야　발분망식　낙이망우

不知老之將至云爾."
부지노지장지운이

공자께서 이에 말씀하셨다.

"자로야! 너는 왜 말하지 않았느냐?
우리 선생님의 사람됨은, 분발하면 먹는 것도 잊고,
즐거움을 느끼면 세상 근심을 다 잊어버린다오.
그러기에 늙음이 다가오는 것도 알아차리지 못하는
그런 사람이라오."

이 사건은 공자가
유랑하던 시기, 공자 나이
63, 64세 때 즈음
일어났던 일입니다.

'섭'은 남쪽의 강대국 초나라의 영지로,

주왕(周王)

현재 하남성 섭현 지역

나도 왕(천자)~

초왕(楚王)

섭공은 이 국경 지역을 다스리는 대부였죠.

섭공(葉公)

초나라 제후가
스스로 왕을
선언한 바람에
저도 대부이지만
'공(公)'으로
불렸죠.

술이제칠(述而第七)

7-19

子曰: "我非生而知之者, 好古, 敏以求之者也."
자왈 아비생이지지자 호고 민이구지자야

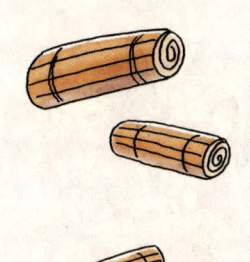

공자께서 말씀하셨다.

"나는 태어나면서부터 아는 자가 아니요,
옛것을 좋아하고, 민첩하게 구하여 아는 자로다."

〈중용〉 20장에 '생이지지', '학이지지', '곤이지지'라는 말이 있어 인간의 지혜의 단계를 셋으로 나누어 설명하는 듯한 인상을 주고 있죠.

생生 / 학學 / 곤困

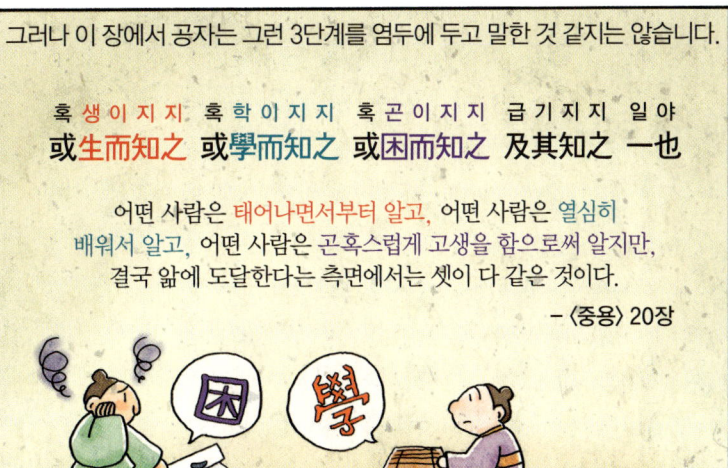

그러나 이 장에서 공자는 그런 3단계를 염두에 두고 말한 것 같지는 않습니다.

혹 생이지지 혹 학이지지 혹 곤이지지 급 기지지 일 야
或生而知之 或學而知之 或困而知之 及其知之 一也

어떤 사람은 태어나면서부터 알고, 어떤 사람은 열심히 배워서 알고, 어떤 사람은 곤혹스럽게 고생을 함으로써 알지만, 결국 앎에 도달한다는 측면에서는 셋이 다 같은 것이다.
― 〈중용〉 20장

'생이지지'라는 게 과연 있을까요?

각 나라 수도 이름 / 자동차 이름 / 공룡 이름

머리가 좋다는 것은 지식을 흡수하는 방식에 관한 것이며

1 + 1 = 2
2 − 1 = 1
1 × 2 = 2
2 ÷ 1 = 2

암기력, 계산 능력

대부분 그 과정에 걸리는 시간의 빠름과 느림의 문제이죠.

3분에 한 문제씩 푼다!

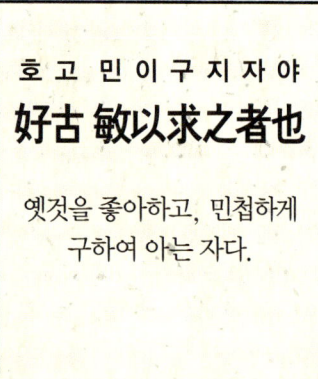

7-20 子不語 怪·力·亂·神.
자불어 괴 력 난 신

공자께서는 괴(怪)와 력(力)과
난(亂)과 신(神)을 말씀하지 않으셨다.

〈논어〉의 가치는 이 장 하나만으로도 전 우주를 뒤덮고도 남습니다.

절대 과장의 말이 아닙니다.

〈논어〉는 그냥 한 사람의 말을 기록한 것이 아니라 함께 삶을 구성해온 공동체의 공동 가치입니다.

지구상에 존재했던 가장 많은 사람들이 읽고 공감해왔던 〈논어〉

20세기에 들어서서 서구적 가치가 급격히 세력이 커지면서 가치의 혼란이 생겼지만

전 세계에서 가장 많이 팔린 책은 〈성경〉!

〈성경〉이란 원래 희랍어로 되어 있을 땐 주로 소리 내어 외우는 낭송문화로 전파되었고

신약 4복음서 (AD 70~100년)

직접 읽은 사람은 소수

사도 바울 선생의 두 번째 편지입니다.

〈코린트 사람들〉

비싼 양피지에 직접 베껴 쓴 책
희랍어(고대 그리스어)

라틴어 성서가 나왔을 때도 일부 성직자들이 보는 책이었죠.

일반 번역
제롬 벌게이트 성경
(406년)

히브리어
→ 라틴어(고대 로마어)

〈성경〉이 일반 대중에게 전파된 것은 1600년 이후의 일입니다.

왕이 직접 명령해서 만듦
킹 제임스 흠정역 성경
(1611년)

영국왕 제임스 1세의 후원으로 출판된 영어 성경

Authorized King
James Version

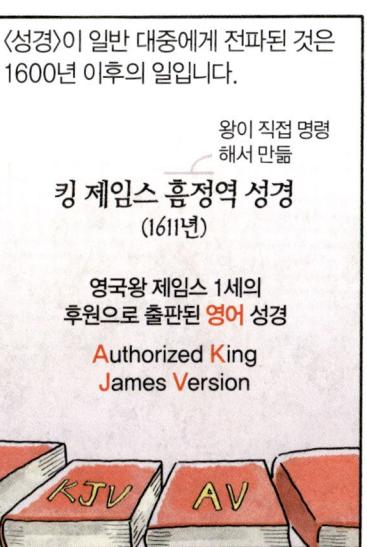

술이제칠(述而第七)

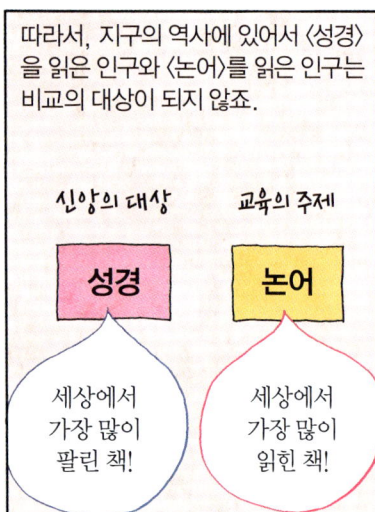

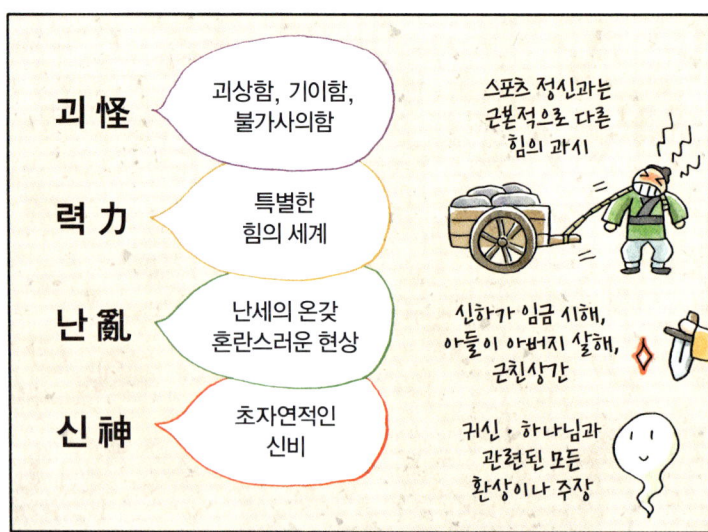

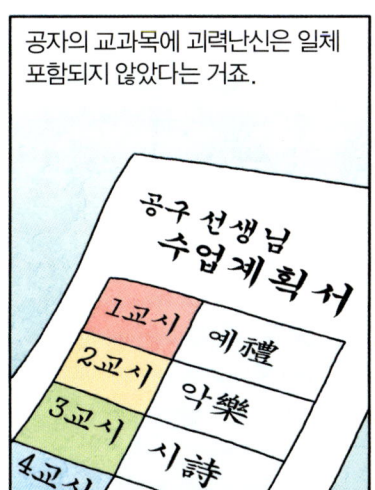

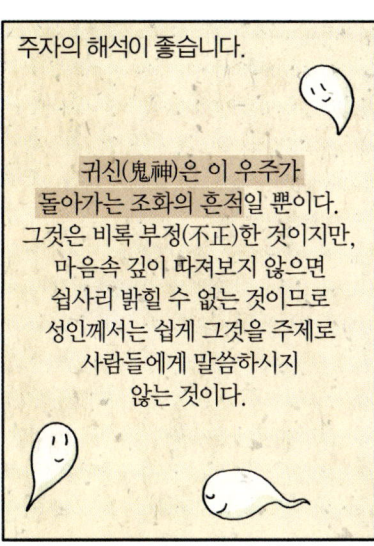

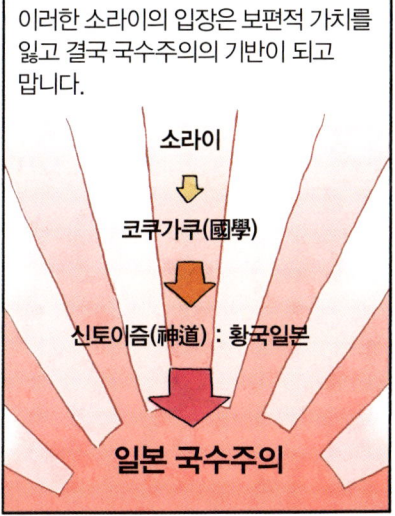
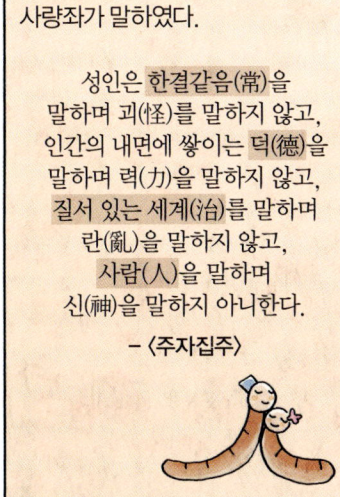

7-21

> 子曰:"三人行, 必有我師焉. 擇其善者而從之,
> 자왈　　삼인행　필유아사언　　택기선자이종지
> 其不善者而改之."
> 기불선자이개지

공자께서 말씀하셨다. "세 사람만 길을 가도 반드시 그 속에 내 스승이 있다. 그 선한 자를 가려 따르고, 선하지 못한 자는 나를 고치는 귀감으로 삼는다."

해석이 어렵지 않은 장입니다. 세 사람이라는 표현은 반드시 '세 명'을 이야기한다기보다 아름다운 문학적 표현이죠.

삼인행 三人行

'불선자'를 보고 거울삼는다는 표현은 [이인]편에도 한 번 나온 적이 있습니다.

어진이를 보면 그와 같아지기를 생각하며 어질지 못한 이를 보면 안으로 자기를 되돌아본다.
- [이인] 17

불선 不善

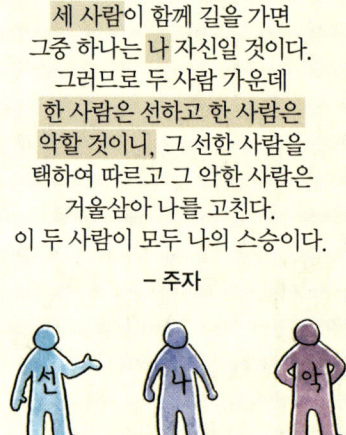

세 사람이 함께 길을 가면 그중 하나는 나 자신일 것이다. 그러므로 두 사람 가운데 한 사람은 선하고 한 사람은 악할 것이니, 그 선한 사람을 택하여 따르고 그 악한 사람은 거울삼아 나를 고친다. 이 두 사람이 모두 나의 스승이다.
- 주자

선　나　악

주자의 해석은 좀 유치합니다. 어찌 세 사람이 반드시 나, 악인, 선인으로 구분됩니까?

그보다는 윤언명의 해석이 훨씬 낫죠.

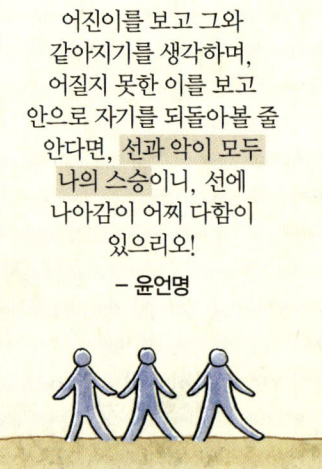

어진이를 보고 그와 같아지기를 생각하며, 어질지 못한 이를 보고 안으로 자기를 되돌아볼 줄 안다면, 선과 악이 모두 나의 스승이니, 선에 나아감이 어찌 다함이 있으리오!
- 윤언명

자신과 다른 신념을 가진 사람을 악(惡)으로 규정하고 거기에 대항해서 이겨야 한다는 생각이 가득찬 요즘

공자의 평범한 이 한마디가 주는 울림이 더욱 크게 느껴집니다.

선 VS 악

7-22 子曰:"天生德於予,桓魋其如予何?"
자왈 천생덕어여 환퇴기여여하

공자께서 말씀하셨다.

"하늘이 나에게 덕(德)을 내려주셨으니, 환퇴인들 감히 나를 어찌하랴!"

이 사건은 [공자세가]에 나와 있는데, 애공 3년, 공자가 송(宋)나라를 지날 때 있었던 일이죠.

공자 나이 60세 즈음

송나라 중신이었던 환퇴는 무슨 이유에서인지 공자를 죽이려 했는데

사마 환퇴
司馬 桓魋

벼슬 / 성 / 이름
(송나라 환공의 후예)

서둘러 피해야 하는 급한 상황에서 공자는 이 말을 한 것이죠.

급해도 할 말은 해야지…

이 사건의 자세한 사정은 알 길이 없지만 공자의 존재가 환퇴에게는 정치적으로 위협이 됐나 봅니다.

내 지위가 흔들릴지도 몰라…

이때 공자가 보여준 높은 문화적 교양에 대한 종교적 자부심은

환퇴가 하늘의 뜻을 어겨 나를 해칠 수는 없을 것이다!

이만한 일로 내 뜻을 꺾을 순 없다!

훗날 동방의 지식인들에게 커다란 자신감을 심어주었죠.

위대한 문화를 전하는 것은 정치권력이 함부로 해칠 수 없는 독자적인 영역이 되었습니다!

술이제칠(述而第七)

7-23 子曰: "二三子! 以我爲隱乎? 吾無隱乎爾.
자왈   이삼자   이아위은호   오무은호이

吾無行而不與二三子者, 是丘也!"
오무행이불여이삼자자   시구야

공자께서 말씀하셨다.

"애들아! 내가 뭘 숨기고 있다고 생각하니?
나에게 숨기는 것이라곤 아무것도 없다. 뿐만 아니라
나는 행(行)하여 너희들과 더불어 하지 않는 것이라곤
아무것도 없다. 이것이 나 구(丘)로다!"

제가 〈논어〉를 읽으면서 전율하며 감동을 받은 구절이 바로 이 한마디입니다.

시 구 야
是丘也

저는 이 구절에서 인간 공자를 아주 깊이 느끼고 또 느꼈죠.

어찌 성인이라는 사람이 이렇게 정직하고 숨김없이 말할 수 있나?

어찌 이토록 제자들 앞에서 자신을 벗겨 드러낼 수 있나?

이 한마디 외에 〈논어〉의 다른 모든 말이 공자의 무엇을 더 보여줄 수 있을까요?

시 구 야
是丘也

공자 스스로 자신의 이름을 부르는 그 소탈한 분위기를 잘 알아야 합니다.

〈주자집주〉를 통해 당시 상황을 좀 더 떠올려볼 수 있습니다.

뭇 제자들이 공자의 학문 세계를 따라갈 수 없자 공자가 분명 숨기는 것이 있다고 의심하였다.

그래서 공자께서 이런 말씀을 하신 것이다.

주희

정이천이 말하였다.

성인의 도가 너무 높아 미칠 수 없다는 생각이 들면 미리 포기할까 봐 이렇게 말씀하신 것이다.

또한 뛰어난 자도 감히 건너뛰어 쉽게 나아가지 못하도록 하신 것이다.

정이천

여여숙이 말하였다.

성인께서 도를 말씀하시는 데 숨김이 없다.

저 푸른 하늘과 같다.

지극한 가르침이 아닌 것이 없고 항상 다 보여 주시건만,

사람들이 스스로 살피지 못할 뿐이다.

여여숙(呂與叔)

7-24 子以四教: 文、行、忠、信.
자이사교 문 행 충 신

공자께서는 항상 네 가지로써 배우는 자들을 가르치셨다.

그것은 문(文)·행(行)·충(忠)·신(信)이었다.

공자학단에서 중요하게 여긴 교육 목표를 정리하면 이렇습니다.

공문사교(孔門四敎)

문(文)	문자학·어학 philology 문학 literature	
행(行)	사회과학 social science 사회적 실천 social practice	
충(忠)	내면적 덕성 cultivation of inner virtues 진지함 earnestness	
신(信)	과학적 사유 scientific thinking 경험적 입증 empirical verification	

문(文)은 우선 문자를 터득하고 문헌을 통해 지식을 쌓는 거죠.

행(行)은 사회적 실천을 말하고

충(忠)은 내면적 덕성과 도덕을 기르는 것을,

신(信)은 신험(信驗)이며, 근거를 통해 증명하는 과학적 사유와 관련되어 있습니다.

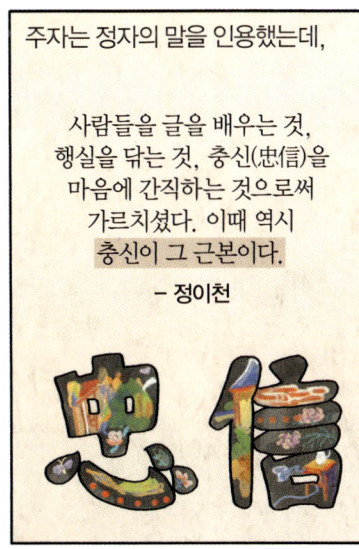

주자는 정자의 말을 인용했는데,

사람들을 글을 배우는 것, 행실을 닦는 것, 충신(忠信)을 마음에 간직하는 것으로써 가르치셨다. 이때 역시 충신이 그 근본이다.

— 정이천

정이천이 위의 네 가지 중 충신이 근본이라고 한 것은 공자를 이해하지 못한 말입니다.

정자 당시의 유교가 '충신'을 중요시했을 뿐이죠.

요나라
탕구트
북송
"충신이 필요해~!"

[공야장]편에서 공자가 하신 말씀을 왜 잊었단 말입니까?

작은 마을에도 나처럼 충신(忠信)한 자는 많다. 그러나 나만큼 호학(好學)하는 자는 없다.

— [공야장] 27

7-25 子曰: "聖人, 吾不得而見之矣! 得見君子者, 斯可矣."
자왈　성인　오부득이견지의　득견군자자　사가의

공자께서 또 말씀하셨다.

"성인은 참으로 만나기 어렵구나!
그러나 군자만 만날 수 있어도 나는 행복하다."

子曰: "善人, 吾不得而見之矣! 得見有恒者, 斯可矣.
자왈　선인　오부득이견지의　득견유항자　사가의

亡而爲有, 虛而爲盈, 約而爲泰, 難乎有恒矣."
무이위유　허이위영　약이위태　난호유항의

공자께서 또 말씀하셨다.　"선인을 만나기도 참으로 어렵구나!
그러나 원칙 있는 사람만 만나도 나는 행복하다.
없으면서 있는 체하고, 비어 있으면서 차 있는 체하고,
빈곤하면서 풍요로운 체하는 인간을
어찌 원칙 있다 말할 수 있을까."

여기서 '성인'은 현재 우리가 알고 있는 의미로 진화하여 쓰이고 있습니다.

성인 聖人
신의 소리를 듣는 귀 밝은 사람
완전한 덕성을 가진 사람

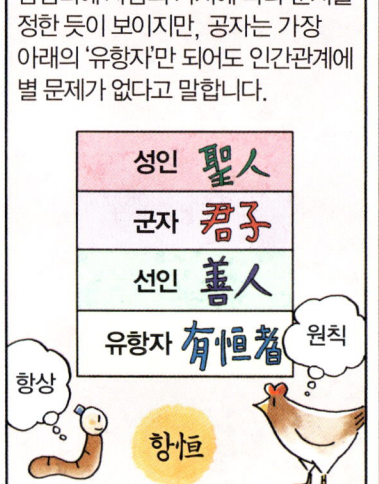

암암리에 사람의 가치에 따라 순서를 정한 듯이 보이지만, 공자는 가장 아래의 '유항자'만 되어도 인간관계에 별 문제가 없다고 말합니다.

성인	聖人
군자	君子
선인	善人
유항자	有恒者

항상　항恒

'유항자'란, 변하지 않는 어떤 원칙을 가지고 살아가는 사람이죠.

없는 것을 있다 하고, 빈 것을 찼다 하고, 빈곤한 것을 풍요롭다 하면서 상황에 따라 둘러대는 자들은 삶의 원칙이 없는 거죠.

'원칙'이란 항상스러운 그 무엇입니다.

7-26 子釣而不綱, 弋不射宿.
자 조 이 불 강   익 불 석 숙

공자께서는 낚시질은 하셨으나
그물질은 하지 않으셨다.
주살로 새를 잡기는 했으나
모여 잠자는 새들을 쏘지는 않으셨다.

불교의 입장에서 보면 어차피 살생인데 뭐가 다르냐고 할 수 있지만,
어차피 인간이 살생 없이 살 수 없는 조건에서 공자의 마음 씀씀이는 세심한 배려라고 할 수 있습니다.

동학의 2세 교조인 해월 선생은 '이천식천'을 말하는데

이천식천 以天食天 : 하느님(동·식물)을 가지고 하느님(내 몸)을 먹이다.

'이천식천'은 '이천양천'에 그쳐야 한다!

― 해월 최시형

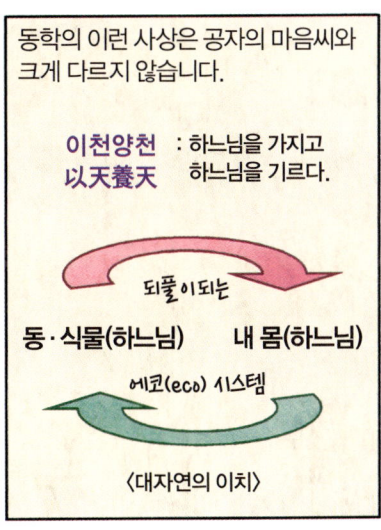

동학의 이런 사상은 공자의 마음씨와 크게 다르지 않습니다.

이천양천 以天養天 : 하느님을 가지고 하느님을 기르다.

되풀이되는
동·식물(하느님) ↔ 내 몸(하느님)
에코(eco) 시스템

〈대자연의 이치〉

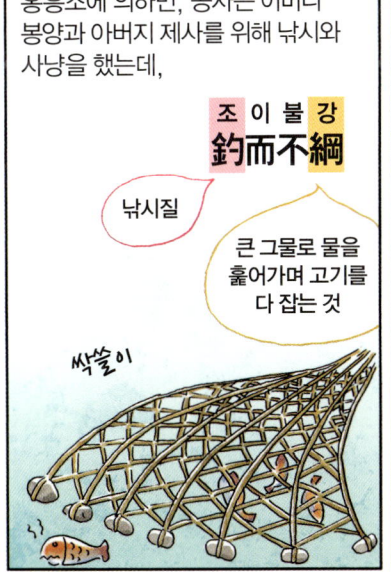

홍흥조에 의하면, 공자는 어머니 봉양과 아버지 제사를 위해 낚시와 사냥을 했는데,

조 이 불 강 釣而不綱

낚시질

큰 그물로 물을 훑어가며 고기를 다 잡는 것

싹쓸이

큰 그물질로 물고기를 모조리 잡거나 잠자는 새들을 덮치는 일은 하지 않았다고 합니다.

익 불 석 숙 弋不射宿

명주실을 화살 끝에 매어 쏘는 것

쏘아 맞추다

잠자는 새들

생물을 대함이 이와 같았으니 사람을 대하는 자세를 알 수 있고, 작은 일에 이처럼 섬세한 것을 보면 큰일을 처리하는 것 또한 알 수 있다.
― 홍흥조(洪興祖)

인한 사람의 마음씨가 바로 이런 것이겠죠.

7-27 子曰:"蓋有不知而作之者, 我無是也. 多聞,
자왈　개유부지이작지자　아무시야　다문

擇其善者而從之. 多見而識之, 知之次也."
택기선자이종지　다견이식지　지지차야

공자께서 말씀하셨다.

"대저 소상히 잘 알지도 못하면서 마구 지어내는 녀석들이 많다. 나에게는 그러한 삶의 태도가 전혀 없다. 나는 될 수 있는 대로 많이 듣는다. 그리고 그 중에서 훌륭한 것을 택하여 따른다. 그리고 될 수 있는 대로 많이 보면서 문제를 인식한다. 이것이야말로 앎의 올바른 순서일 것이다."

7-28 互鄉難與言, 童子見, 門人惑.
호 향 난 여 언   동 자 견   문 인 혹

호향(互鄕)이라는 지방의 사람들은 편협하고 투박하여
더불어 말하기 어려웠다. 그런데 호향의 젊은 청년이
뵙기를 청하자 공자께서는 기꺼이 그를 만나주셨다.
공자의 문인들은 걱정과 의혹에 휩싸였다.

子曰: "與其進也, 不與其退也, 唯何甚?
자 왈   여 기 진 야   불 여 기 퇴 야   유 하 심
人潔己以進, 與其潔也, 不保其往也."
인 결 기 이 진   여 기 결 야   불 보 기 왕 야

그러자 공자께서 말씀하셨다.

"나는 자기발전을 도모하는 사람을 만난 것이다.
퇴폐적인 인간과 더불어 한 것이 아니다. 내가 그대들 같은
젊은이를 만난 것을 탓하다니 너무 심하지 않은가?
사람이 자기 몸을 정결히 하고 찾아오면 그 정결함을 허락하는 것이다.
어찌 나에게서 떠난 이후를 내가 보장할손가?"

어느 학단이나 모임, 조직이든 항상 폐쇄성이 있지만 공자는 그것이 싫었던 것인데,

"스승님, 어쩌려고 그런 사람들을…?"

"사람이 좋은 마음으로 찾아오면 만날 수도 있지, 앞뒤나 재고 있어야겠니?"

호향은 당시에는 좀 악명 높은 지방이었나 봅니다.

그 지방 사람들은 말하는 것이 제멋대로였고 당시의 마땅한 상식에서 벗어나 있었다. - 정현

"인사나 한번 드리고 싶어 왔습니다요~"

공자 유랑시기, 공자의 소문을 듣고 찾아온 젊은이

"앉게나."

이 장은 이 한마디면 충분히 해석이 가능하죠.

군자는 사람의 아름다운 측면을 완성하도록 만들어주고, 그 추한 측면은 버리도록 도와준다.
- [안연] 16

"착하게 살아라"

"예~!"

술이제칠(述而第七)

7-29 子曰：＂仁遠乎哉？我欲仁，斯仁至矣．＂
자왈　인원호재　아욕인　사인지의

공자께서 말씀하셨다.

＂인(仁)이 멀리 있다구? 내가 원하면 당장 여기로 달려 오는 것이 인(仁)인데?

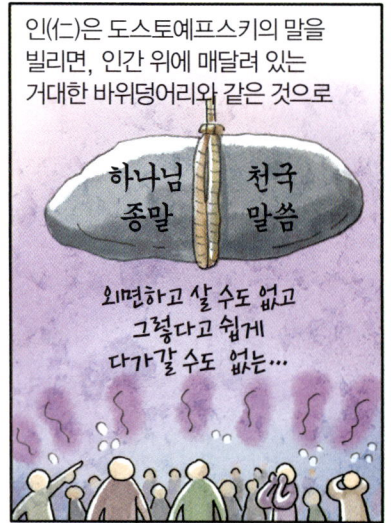

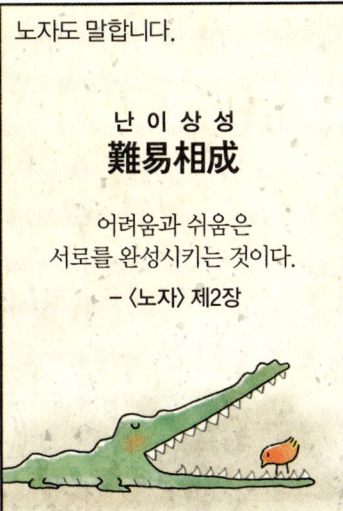

7-30

陳司敗問:"昭公知禮乎?"孔子曰:"知禮."
진사패문 소공지례호 공자왈 지례

진(陳)나라 사패(司敗 : 법무장관)가 공자께 여쭈었다.

"노나라의 소공이 예를 알았습니까?"

공자께서 이에 말씀하셨다.

"예를 아셨습니다."

孔子退. 揖巫馬期而進之曰:"吾聞君子不黨. 君子亦黨乎?
공자퇴 읍무마기이진지왈 오문군자부당 군자역당호

君取於吳, 爲同姓. 謂之吳孟子. 君而知禮, 孰不知禮."
군취어오 위동성 위지오맹자 군이지례 숙부지례

공자께서 자리를 물러나셨다.
그러자 사패는 제자 무마기(巫馬期)에게 읍하여 다가오게 하였다.
그리고 말하였다.

"나는 군자는 본시 편당을 들지 않는다고 들었소.
그런데 그대 군자께서는 편당을 드시는군요? 소공께서는 오나라 여자를
부인으로 취하였소. 그런데 오나라와 노나라가 동성이 되니까
부인의 성을 숨기기 위해 부인을 오맹자(吳孟子)라 부르셨소.
소공께서 예를 아신다고 한다면 세상에 누구인들
예를 알지 못한다 하겠소?"

巫馬期以告. 子曰:"丘也幸, 苟有過, 人必知之."
무마기이고 자왈 구야행 구유과 인필지지

무마기가 말문이 막혀 들은 그대로 공자께 아뢰었다.
이에 공자께서 말씀하셨다.

"나 구(丘)는 행복한 사람이로다!
내가 조금이라도 잘못을 저지르면 타인들이
반드시 그걸 지적하는구나!"

술이제칠(述而第七)

7-31 子與人歌而善, 必使反之, 而後和之.
자여인가이선 필사반지 이후화지

공자께서는 사람들과 더불어 노래를 잘 부르셨다.
그 때 누군가 노래를 잘한다고 생각되면 반드시
그로 하여금 노래를 다시 부르게 하셨다.
그리고 다 듣고 나서 또 따라 부르셨다.

별일 아닌 것 같아 보이는 내용이지만, 공자의 마음 씀씀이와 공부에 대한 열정을 느낄 수 있습니다.

옛날에는 〈시경〉의 시(詩)가 모두 노래였죠.

노래 한 곡조씩 뽑아 볼까?
돌아가면서 하세.
그럼 나 먼저~

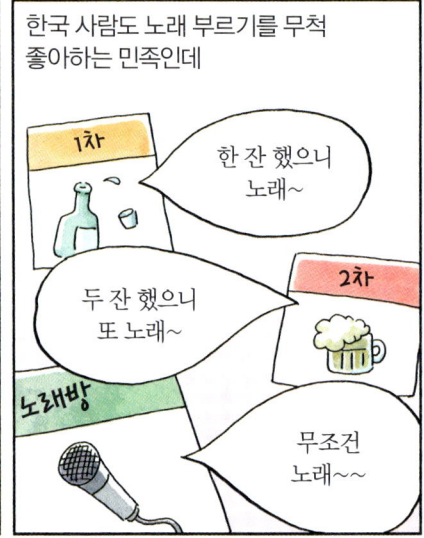

한국 사람도 노래 부르기를 무척 좋아하는 민족인데

1차 — 한 잔 했으니 노래~
두 잔 했으니 또 노래~
2차
노래방 — 무조건 노래~~

티비도 라디오도 없던 공자 시대, 산동의 곡부 사람들도 그랬을 겁니다.

노래를 통해 정치풍자, 소식을 전달하고 즐거움을 나눈다~
노랫말 속에 인생의 희노애락이 다 들어있어~

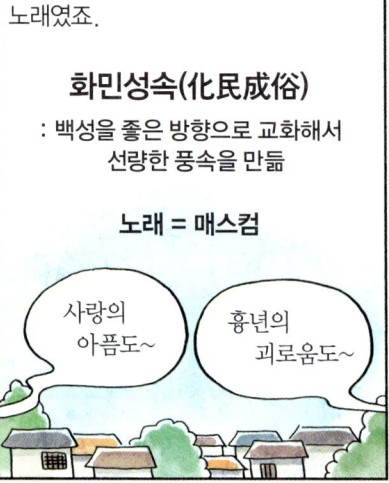

예로부터 '화민성속'의 대표적 수단이 노래였죠.

화민성속(化民成俗)
: 백성을 좋은 방향으로 교화해서 선량한 풍속을 만듦

노래 = 매스컴

사랑의 아픔도~
흉년의 괴로움도~

지금도 산동 곡부에 가면 저녁 무렵 광장 한 모퉁이에서 자연스럽게 '빵쯔시'가 형성되곤 합니다.

빵쯔시(棒子戱)
마실 나온 사람들이 모여 자연스럽게 진행되는 토속적 노래공연 및 장기자랑

7-32 子曰: "文, 莫吾猶人也. 躬行君子, 則吾未之有得."
자왈 문 막오유인야 궁행군자 즉오미지유득

공자께서 말씀하셨다.

"문자의 세계에 있어서는 내가 남만 못할 것이 없다.
그러나 군자의 인격을 몸소 실천함에 있어서는
나는 아직도 한참 미흡하다."

문 막오유인야
文, 莫吾猶人也

문(文)에 있어서는 내가 다른 사람들의 수준에는 미치지 않겠는가?

莫 : 의문사
猶 : 같다

궁행군자
躬行君子

군자의 인격을 몸소 실천하다.

躬 : 몸소
行 : 실천하다

즉오미지유득
則吾未之有得

나는 온전하게 얻지 못하는 바가 있다.

겸손한 공자의 말씀입니다.

공자가 스스로 자신을 낮추어 말한 비슷한 장이 또 있죠.

군자의 도(道)에 세 가지가 있으나 나는 능한 것이 없다.

인자(仁者)는 근심하지 않고
지자(知者)는 미혹되지 않고
용자(勇者)는 두려워하지 않는다.
— [헌문] 30

모두 겸손의 말씀이다.

이로써 공자 언행(言行)의 난이완급(難易緩急: 어려움과 쉬움, 천천히 함과 급히 함)을 볼 수 있다.

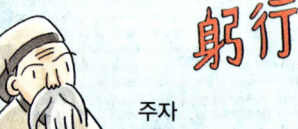

주자

이 장에 대해 무슨 말을 더 할까요?

저 또한 군자의 인격을 실천함에 한참 미흡하다는 것을 고백할 뿐입니다.

7-33 子曰: "若聖與仁, 則吾豈敢? 抑爲之不厭,
자왈 약성여인 즉오기감 억위지불염

誨人不倦, 則可謂云爾已矣."
회인불권 즉가위운이이의

공자께서 말씀하셨다.

"성(聖)과 인(仁)에 관해서는 내 어찌 감히 자처할 수 있으리오? 그러나 도를 실천함에 싫증내지 아니하고, 사람을 가르치는 데 게으름이 없는 데는 자신 있다 말하리라."

公西華曰: "正唯弟子不能學也."
공서화왈 정유제자불능학야

공서화가 옆에 있다가 말하였다.

"선생님, 바로 그 점이 저희 제자들이 따라가지 못하는 것이옵니다."

이미 본 편의 2장에 나왔던 말이죠.

묵 이 식 지
默而識之 — 묵묵히 사물을 인식하고

학 이 불 염
學而不厭 — 배움에 싫증 내지 않으며

회 인 불 권
誨人不倦 — 사람을 가르치는 데 게을리하지 않는다.

— [술이] 2

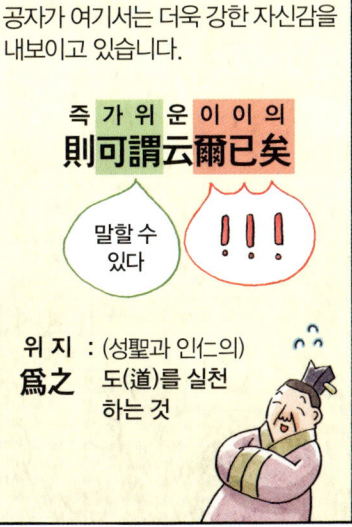

공자가 여기서는 더욱 강한 자신감을 내보이고 있습니다.

즉 가 위 운 이 이 의
則可謂云爾已矣

말할 수 있다 !!!

위 지 : (성聖과 인仁의) 도(道)를 실천하는 것
爲之

공서화의 말도 '불가능하다'는 뜻은 아닙니다.

불 능 학 야
不能學也 — 결코 배울 수 없다(?)

그래서 저는 '따라가지 못하는 점'이라고 번역했습니다.

술이제칠(述而第七) 55

7-34 子疾病, 子路請禱. 子曰: "有諸?"
자질병　자로청도　자왈　유저

공자께서 병이 걸리셨는데 위중한 상태에 이르렀다.
자로가 하느님께 기도할 것을 청하였다.
공자께서 이에 말씀하셨다.

"아프다고 하느님께 비는
그런 일도 있는가?"

子路對曰: "有之. 誄曰: '禱爾于上下神祇.'"
자로대왈　유지　뢰왈　도이우상하신기

子曰: "丘之禱久矣."
자왈　구지도구의

자로가 대답하여 아뢰었다.

"있습니다, 그런 일이 있습니다.
뢰문(誄文)에 '그대를 하늘과 땅의
하느님께 기도하노라'라고 쓰여 있지요."

공자께서 말씀하셨다.

"자로야! 나는 이미
하느님께 기도하며 살아온 지가
오래되었느니라."

다시 한 번 공자의
인품의 깊이와 종교적 심성을
느끼게 해주는, 아름다운
한 폭의 그림과도 같은
장입니다.

공자가 노나라로 돌아온 이후 4년간,
공자에게는 네 번의 큰 사건이 있었는데,
정확한 연대는 몰라도 순서는 확실하죠.

1. 장남 백어(伯魚)의 죽음
2. 애제자 안회(顔回)의 죽음
3. 공자 자신의 대병(大病)
4. 평생의 반려 자로(子路)의
   죽음 (애공 15년)

공자가 병이 난 것은 애공 14년 가을쯤
의 일이었을 겁니다.

형님!

공자 나이
71세

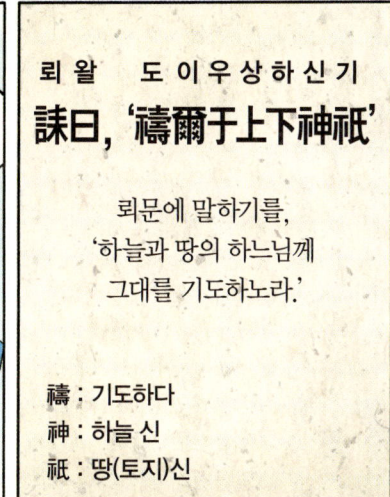

7-35 子曰:"奢則不孫, 儉則固. 與其不孫也, 寧固."
자왈 사 즉 불 손 검 즉 고 여 기 불 손 야 영 고

공자께서 말씀하셨다.

"사람이 지나치게 사치하면 불손하게 되고,
지나치게 검약하면 고루하게 되나,
그래도 고루한 것이 불손한 것보다는 낫다."

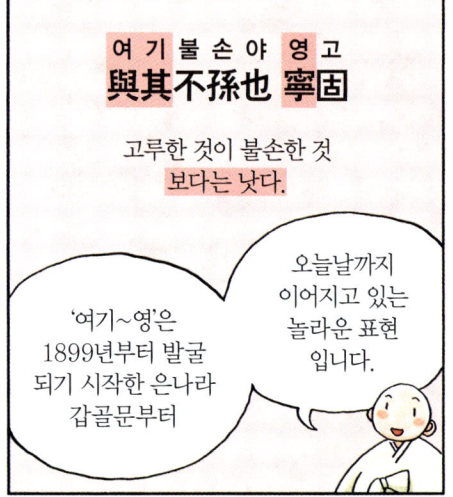

7-37 子溫而厲, 威而不猛, 恭而安.
자온이려 위이불맹 공이안

공자께서는 따사로우시면서도 엄격하셨고,
위엄이 있으시면서도 사납지 않으셨고,
공손하시면서도 자연스러우셨다.

유학이든 도가의 학문이든, 동방의 학문의 핵심은 나를 위한 '배움'이라는 점입니다.

위기지학(爲己之學)

초월적 존재나 내세를 위한 것이 아니라

> 나를 위한 배움!

나의 내면에 덕을 쌓는 공부

내가 끊임없이 덕을 쌓는 목표는 바로 큰 인격이 되기 위함이죠.

큰 인격

두둥~

큰 인격은 반대로 보이는 가치들을 함께 갖고 있는 것이 특징입니다.

넓게 공부할수록 깊어지고 세심하면서 대범하고 이성적·지적이면서 예술적인…

> 양면(兩面)의 가치를 다 갖고 있네~

처음부터 이런 양면의 가치를 목표로 삼으면 큰 인격이 길러지게 마련인데,

← 성인의 양면

> 큰 걸 닮아라.

서구식 현대교육은 전문성의 교육만 할 뿐, 인격의 거대함을 추구하지는 않죠.

← 효율적 인간

> 들인 노력에 비해 결과만 좋으면 OK.

이 장에서 공자는 양면의 가치가 자연스럽게 잘 조화된 모습을 보여주고 있습니다.

> 제가 유가·도가 철학에서 배운 가장 중요한 교훈은 모든 대립적 가치의 양면을 포용해야 한다는 것이었죠.

> 큰 인격을 보여주는 공자의 모습을 마지막으로 [술이]편을 마칩니다.

태백제팔(泰伯第八)

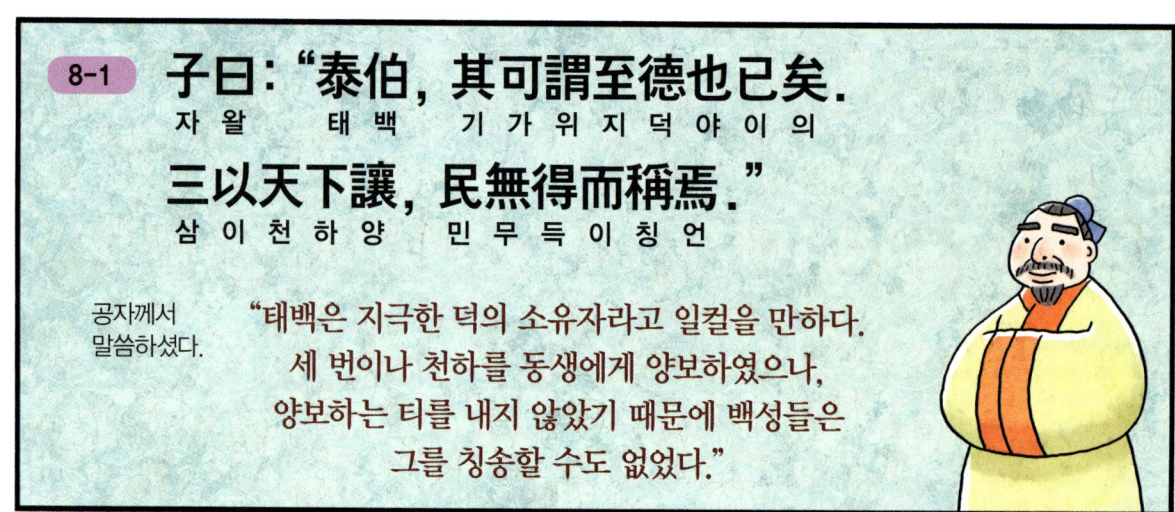
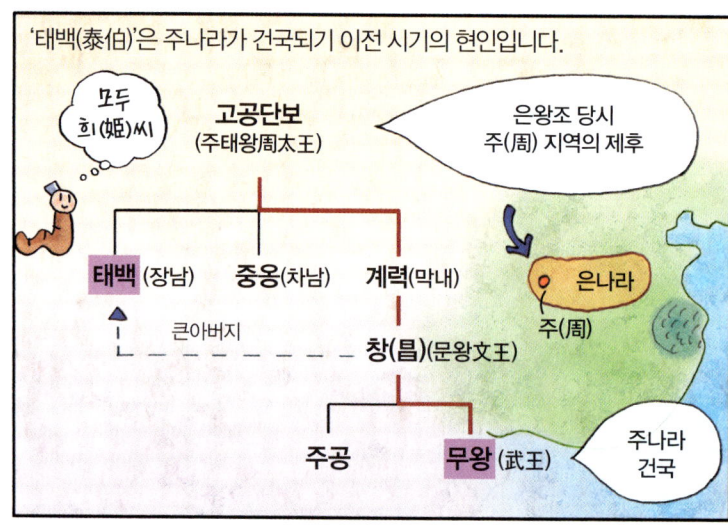

8-2 子曰: "恭而無禮則勞, 愼而無禮則葸,
자왈　　공이무례즉로　　신이무례즉시

勇而無禮則亂, 直而無禮則絞.
용이무례즉란　　직이무례즉교

공자께서
말씀하셨다.

"공손하면서 예(禮)의 원칙이 없으면 피곤하기만 하고,
삼가되 예의 원칙이 없으면 주눅들기만 하고,
용감하되 예의 원칙이 없으면 어지럽게 되고,
정직하되 예의 원칙이 없으면 사람 목을 조른다.

君子篤於親, 則民興於仁; 故舊不遺, 則民不偸."
군자독어친　　즉민흥어인　　고구불유　　즉민불투

사회지도자인 군자가 가까운 사람들을 돈독하게 하면
백성들이 인한 풍속을 일으키고,
연고 있는 자나 친구를 버리지 않으면
백성들이 각박해지지 않는다."

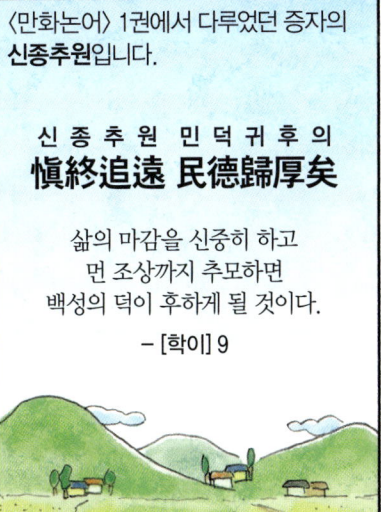

〈만화논어〉 1권에서 다루었던 증자의
신종추원입니다.

신 종 추 원　민 덕 귀 후 의
愼終追遠　民德歸厚矣

삶의 마감을 신중히 하고
먼 조상까지 추모하면
백성의 덕이 후하게 될 것이다.
- [학이] 9

태백제팔(泰伯第八)

8-3 曾子有疾, 召門弟子曰: "啓予足! 啓予手! 詩云, '戰戰兢兢,
증자유질 소문제자왈   계여족 계여수   시운   전전긍긍

如臨深淵, 如履薄氷.' 而今而後, 吾知免夫! 小子!"
여림심연   여리박빙   이금이후   오지면부 소자

증자가 병이 깊어졌다. 이에 문중(門中)의 제자들을 불러 죽음의 침상에서 말하였다.

"열어 내 발을 보아라! 열어 내 손을 보아라!
시(詩)에 이런 노래가 있지 않니. '벌벌 떠네, 오들오들.
깊은 연못에 임한 듯, 엷은 얼음 위를 걸어가듯.'
아~ 이 순간 이후에나, 나는 비로소 온전한 몸을 지키는
근심에서 벗어나게 되었노라! 아해들아!"

〈최후의 심판〉(부분), 지오토

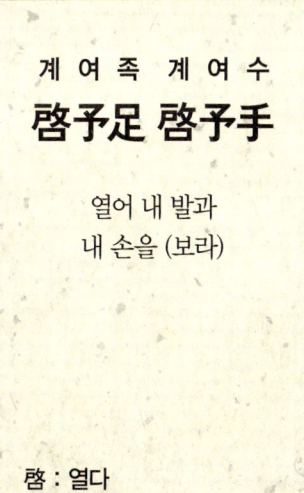

계여족 계여수
啓予足 啓予手

열어 내 발과
내 손을 (보라)

啓 : 열다

태백제팔(泰伯第八)

흰둥이와 짱구, 〈짱구는 못 말려〉

바트, 〈심슨가족〉

8-4

曾子有疾, 孟敬子問之. 曾子言曰: "鳥之將死,
증자유질　맹경자문지　증자언왈　　조지장사

其鳴也哀; 人之將死, 其言也善.
기명야애　인지장사　기언야선

증자가 병환이 깊었다.
맹경자가 병문안을 왔다.
이에 증자는 정중하게
말문을 열었다.

"새도 죽으려하면
그 울음소리가 애처롭게 아름답고,
사람도 이 세상을 하직함에 그 말이 착하여
들을 만한 것이라오.

君子所貴乎道者三. 動容貌, 斯遠暴慢矣; 正顔色,
군자소귀호도자삼　동용모　사원폭만의　정안색

斯近信矣; 出辭氣, 斯遠鄙倍矣. 籩豆之事則有司存."
사근신의　출사기　사원비배의　변두지사즉유사존

군자가 귀하게 여기는 도(道)가 세 가지가 있다오.
용모를 움직일 때는 반드시 폭력과 태만을 멀리하시오.
얼굴빛을 바르게 할 때에는 반드시 신실(信實)함에 가까워야 하오.
말을 입 밖에 낼 때에는 비루함과 거역함을 멀리하시오.
예라는 것은 사소한 규정이 아니라오.
제기를 어떻게 진열할까 하는 일 따위는 유사(有司)에게 맡기시오."

태백제팔(泰伯第八)

첫째,

동용모 사원폭만의
動容貌 斯遠暴慢矣

몸을 움직일 때는 반드시 **폭력과 게으름**을 멀리한다.

容貌 : 얼굴을 포함한 온몸
斯 : (강조) 반드시
暴 : 사나움 慢 : 게으름, 태만

정명도가 말하였다.

용모를 움직인다 하는 것은 온 몸을 들어 말한 것이다. 두루 행동함이 이에 맞으면 폭만(暴慢)이 이에서 멀어질 것이다.

움직임을 예에 맞게~

둘째,

정안색 사근신의
正顔色 斯近信矣

얼굴빛을 바르게 할 때에는 반드시 **믿음성 있게** 한다.

顔色 : 얼굴빛

안색을 바르게 하면 망령되지 아니하니 이에 신실함에 가깝게 될 것이다.

표정을 바르게~

셋째,

출사기 사원비배의
出辭氣 斯遠鄙倍矣

말을 할 때는 **비루함과 이치에 어긋남**을 멀리한다.

辭氣 : 말소리의 분위기
鄙 : 비루, 하찮고 시시함
倍 : (=배背) 이치에 어긋남

말과 어기(語氣)를 낼 때 진실한 마음 가운데서 나오면 이에 비루함과 이치에 어긋남이 없어질 것이다.
– 〈주자집주〉

고운말
바른말

이 말이 그래도 증자의 격을 보여주지만,

변두지사
籩豆之事

제사상 차리는 일

변두의 일 같은 것은 군자가 중하게 여길 바가 아니니, 담당 공무원에게 맡기면 됩니다.

증자의 말에는 공자의 재즈적 느낌이 별로 없습니다.

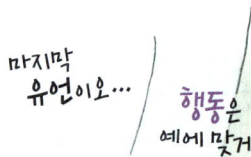
마지막 유언이오...
행동은 예에 맞게 잘~
표정은 바르게~
그리고 꼭 **고운말** 사용하기, 약속...

송유(宋儒)들은 증자야말로 **위정**의 근본을 **수신**으로 생각한 인물이라고 생각했죠.

틀린 말은 아니지만, 수신의 좁은 의미에 매달리게 되면

위정에 대해 폭넓은 사고를 하지 못하게 될 수도 있음을 알아야 합니다.

수신 修身

8-5 曾子曰：“以能問於不能, 以多問於寡, 有若無,
증자왈   이능문어불능   이다문어과   유약무

實若虛, 犯而不校. 昔者吾友嘗從事於斯矣.”
실약허   범이불교   석자오우상종사어사의

증자가 말하였다.   "능하면서도 능하지 못한 이에게 물으며,
학식이 많으면서도 학식이 적은 자에게 물으며,
가지고 있으면서도 없는 것처럼 여기고, 가득 차 있으면서도 빈 것처럼 여기고,
누가 시비를 걸어와도 따지며 다투지 아니한다.
옛적에 나의 친구들이 이런 경지에 종사하는 사람들이었다."

태백제팔(泰伯第八)

8-6 曾子曰:"可以託六尺之孤, 可以寄百里之命,
증자왈　　가이탁육척지고　　가이기백리지명

臨大節而不可奪也. 君子人與? 君子人也!"
임대절이불가탈야　　군자인여　　군자인야

증자가 말하였다.　"부모를 일찍 잃고 고아가 된 어린 군주를 맡길 만하고,
사방 백 리 한 나라의 운명을 기탁할 만하며, 사직이 위태로운
위기에서 아무도 그 절개를 빼앗을 수 없는 사람!
그 사람은 군자다운 인물이련가? 군자다운 인물이로다!"

이 말도 〈논어〉에서 가장 많이 인용되었던 구절 중 하나이죠.

공자의 사후 학단을 잘 이끌어 나갔던 것을 보면, 증자는 얌전한 성격에 생각이 깊은 사람이었을 겁니다.

하는 말도 순화로워서 사람들에게 인기 있는 히트작을 많이 냈죠.

오일삼성오신 吾日三省吾身
신종추원 慎終追遠
민덕귀후의 民德歸厚矣
좋아요
추천

가 이 탁 육 척 지 고
可以託六尺之孤

부모를 잃고 고아가 된 어린 군주를 맡길 만하다.

託 : 부탁하다, 맡기다
六尺 : 14세 이하의 미성년자

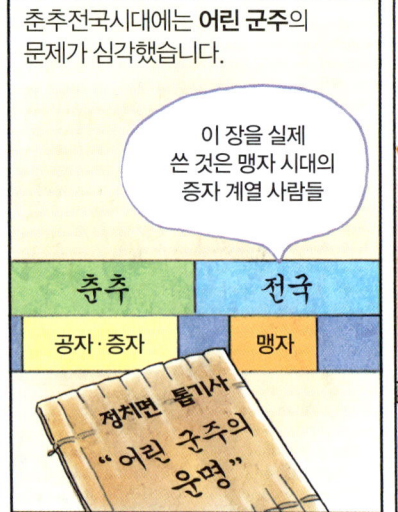

춘추전국시대에는 **어린 군주의** 문제가 심각했습니다.

이 장을 실제 쓴 것은 맹자 시대의 증자 계열 사람들

춘추	전국
공자·증자	맹자

정치면 톱기사 "어린 군주의 운명"

주나라 왕실의 권위가 땅에 떨어지고 **인의**보다는 무력을 추구하는 **패도**의 시대가 되면서

제후국들의 종묘사직이 가랑잎 휘날리듯 하루아침에 사라져버리는 일이 흔하게 일어났죠.

패도 霸道

임대절이불가탈야
臨大節而不可奪也

(어린 군주와 한 나라의 운명을 맡는 일에) 임하여 큰 절개를 빼앗을 수 없다.

臨 : 임하다, 일을 맡다
節 : 절개(신념을 굽히지 않는 곧은 태도)
奪 : 빼앗다

따라서 여기 증자의 말이 당시에는 무척 공감되는 말이었을 겁니다.

어린 군주와 국민의 운명을 보호하고 목숨을 걸고 절개를 지키는 사람이 바로 군자다!

이 말에 공감할 만한 일이 우리 역사에도 있었죠.

조카인 단종의 임금 자리를 무력으로 빼앗고 조선 제7대 왕이 된 수양대군, 이유(李瑈)

어린 고아 단종

세조의 찬탈은 그가 아무리 훗날 좋은 정치를 했다 해도 정당화될 수 없는데,

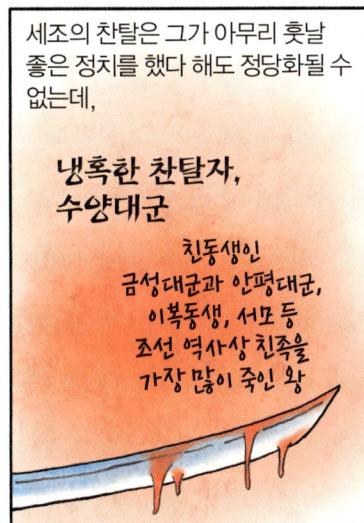

냉혹한 찬탈자, 수양대군

친동생인 금성대군과 안평대군, 이복동생, 서모 등 조선 역사상 친족을 가장 많이 죽인 왕

조선의 지식인 전체에 비굴하게 살아 남았다는 부끄러움을 느끼게 했고

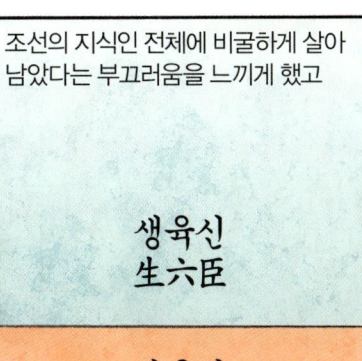

생육신
生六臣

사육신
死六臣

훈구파와 사림의 대결 구도가 시작되게 했죠.

도덕성이 없으니 무조건 내 편으로 끌어들이자…

훈구(勳舊)파
2000여 명

나라를 위해 공을 세운 집안

사림
士林

조선왕조는 여기서부터 도덕성을 상실하면서 불운의 역사를 그려 갔다고 볼 수 있습니다.

권력에 아부하는 정치인·지식인
↑
친일파
↑
경술국치(1910)
↑
세조 찬탈

세조는 사육신의 존재 때문에 아직도 **수양대군**으로 더 많이 불리고 있죠.

수양산 바라보며 **이제(夷齊)**를 한(恨)하노라

주려 주글진들 채미(採薇)도 하난 것가

아무리 푸새엣 것인들 그 뉘 따헤 낫더니

— 성삼문(매죽헌)

백이·숙제

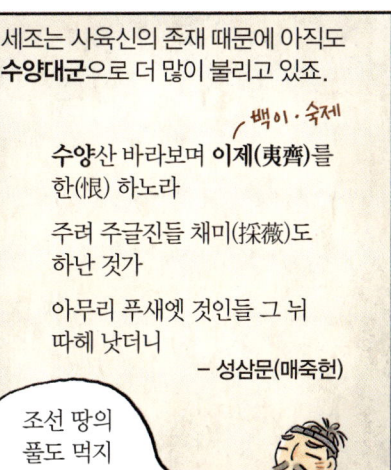

조선 땅의 풀도 먹지 않겠다!

백이·숙제보다도 더 굳은 절개를 지키겠다는 매죽헌의 기상을 〈논어〉를 읽는 독자들이 배웠으면 합니다.

8-7

> 曾子曰: "士不可以不弘毅, 任重而道遠.
> 증자왈   사불가이불홍의   임중이도원
> 仁以爲己任, 不亦重乎? 死而後已, 不亦遠乎?"
> 인이위기임 불역중호   사이후이 불역원호

증자가 말하였다. "선비는 모름지기 드넓고 또 굳세지 않을 수 없다. 짐은 무겁고 갈 길은 멀도다. 인(仁)을 어깨에 메는 나의 짐으로 삼으니 또한 무겁지 아니하뇨? 죽어야만 끝날 길이니 또한 멀지 아니하뇨?"

유가(儒家)에서 인간을 바라보는 시각이 잘 드러나는, 참으로 아름다운 구절입니다.

사 불 가 이 불 홍 의
士不可以不弘毅

선비는 드넓고 굳세지 않을 수 없다.

不可 ~不 : ~않을 수 없다
弘 : 넓다
毅 : 굳세다

여기서 사(士)는 지위를 가진 관리가 아니라 일반 교양인을 말하는데

홍(弘) : 너그럽게 감싸 받아들이는 삶의 자세

학문을 배운 교양인

사 士

넓은 포용력과 함께 **자신의 이상을 끝까지 이루고자 하는 의지**가 있어야 비로소 선비의 자격이 있습니다.

의(毅) : 의지의 굳셈

죽는 순간까지 그런 **홍의**함을 잃지 않는 삶의 자세야말로 과거 유자들의 가치관이었죠.

짐은 무겁고 갈 길은 멀구나!

조선시대 흔한 유학자

임 중 이 도 원
任重而道遠

짐은 무겁고 갈 길은 멀다.

인 이 위 기 임
仁以爲己任

인으로 나의 짐을 삼다.

任 : 짐, 짊어지다

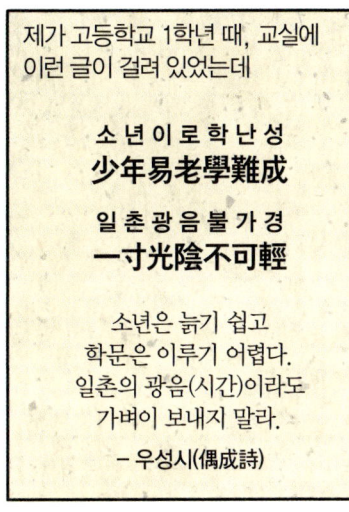

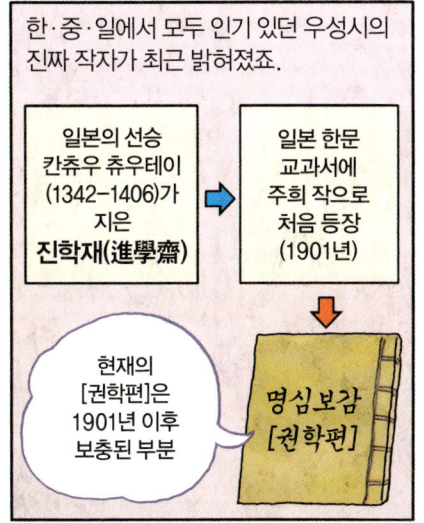

우비소년, 〈내 친구 우비소년〉

8-8 子曰:"興於詩, 立於禮, 成於樂."
자왈 흥어시 입어례 성어악

공자께서 말씀하셨다.

"사람은 시(詩)에서 배움을 일으키고,
예(禮)에서 원칙을 세우며,
악(樂)에서 삶을 완성시킨다."

증자의 말이 끝나고 공자의 말씀이 시작되면서 편의 품격이 높아졌음을 알 수 있습니다.

— 증자학단에 전해 내려오던 공자 말씀들이었을 겁니다.

여기서 **시**는 곧 노래인데

시(詩) ≠ poem
↓
악기에 맞춰 부르는 노래

〈스머페트와 조화 스머프〉

흥이란, 단순한 감정적 즐거움만이 아니라

흥 어 시
興於詩

— 인생은 시에서 흥한다

배움에 대한 **흥미**를 일으키는 것을 말하죠.

자연인 ⇒ 문화인

지금의 유치원생들이 노래를 부르며 교육받는 것처럼

〈숫자송〉

공자의 시대에는 노래를 통해 학문의 길로 들어섰던 거죠.

표유매 摽有梅
매실을 던지네
광주리엔 일곱 개가 남았네
이제 세 개 남았네~

〈시경〉

〈개구쟁이 스머프〉

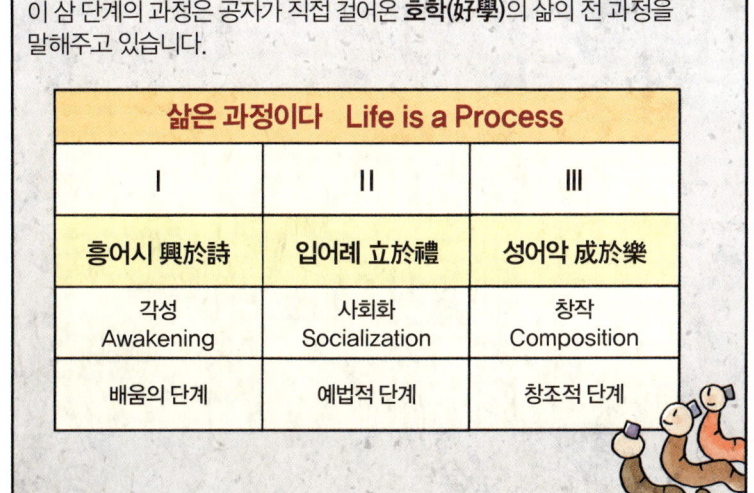

태백제팔(泰伯第八)

8-9 子曰: "民可使由之, 不可使知之."
자왈　　민가사유지　　불가사지지

공자께서 말씀하셨다.

"백성은 말미암게 할 수는 있으나,
알게 할 필요까지는 없다."

이 장은 〈논어〉 중에서 많은 해석이 가능하고, 또 그만큼 논란이 많은 장입니다.

가장 큰 이유는 이 장의 내용이 우민정책의 대표적인 사례가 될 수 있기 때문인데,

우민(愚民)정책
: 국민의 정치에 대한 관심과 비판력을 없애려는 정책

정치 말고 다른 거…

요즘 같은 민주적이고 합리적인 세상에서 이러한 주장은 받아들이기 어렵죠.

백성들이 정부의 정책을 따르게 할 뿐이며

그 정책이 왜 그러한 것인지 그 이유나 내막을 알게 할 필요까지는 없다(?)

뜨오!

공자님께서 그런 말을?

최근 발견된 당사본 정현 주가 그렇게 되어 있는데

유(由) = 따르게 한다

백성은 본시 어리석은 것이다. 바른 도(道)로 교화하면 백성은 반드시 **따르게 되어** 있다.

만약 정책을 자세히 **다 알려주면** 백성 중 난폭한 자들은 정부를 가볍게 여기고 따르지 않을지도 모른다.

정현

그러나 가장 전통적인 주석을 보면 반드시 우민정책을 말한 거라고 볼 수 없고

유(由) = 쓰는 것

백성들로 하여금 쓰게 할지언정 알게 할 수는 없다는 것은

백성들이 매일 쓰면서도 능히 알지는 못한다는 것이다.

고주, 하안

오히려 〈노자〉와 통하는 면이 있다고 생각됩니다.

==가장 좋은 정치는 밑에 있는 사람들이 다스리는 자가 있다는 것을 알 뿐이다.==
…
다스리는 자의 공이 이루어지고 일이 다 잘되어도 백성들은 모두 한결같이 일컬어 ==나 스스로 그러할 뿐이다==라고 한다.

— 〈노자〉 17장

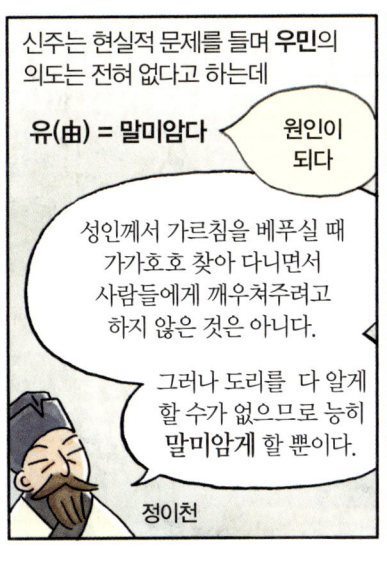

8-10 子曰: "好勇疾貧, 亂也. 人而不仁, 疾之已甚, 亂也."
자왈 호용질빈 난야 인이불인 질지이심 난야

공자께서 말씀하셨다. "용맹을 사랑하면서 자신의 빈곤한 처지를 증오하는 자들이 대체로 반란을 일으킨다. 어떤 사람이 불인(不仁)하다고 해서, 그를 너무 심하게 증오하고 휘몰아치면 그 또한 반란을 일으킨다."

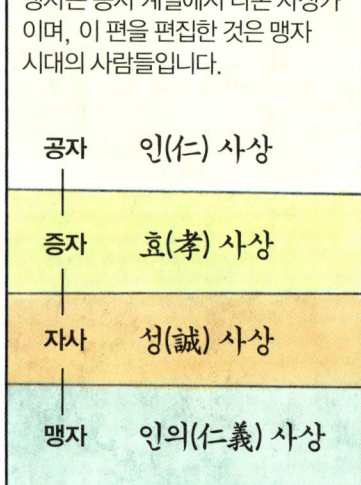

맹자는 증자 계열에서 나온 사상가이며, 이 편을 편집한 것은 맹자 시대의 사람들입니다.

공자	인(仁) 사상
증자	효(孝) 사상
자사	성(誠) 사상
맹자	인의(仁義) 사상

이 장의 공자 말씀도 증자 계열의 문인들이 선택하고 수집한 것이라고 볼 수 있죠.

난 亂
우리 시대의 화두야!
전국시대

따라서 기존의 정치 체제를 무조건 지키려는 듯한 이런 말이 진짜 공자의 말씀인지는 확실하지 않습니다.

아리송~
내가 저런 말을 했던가?

호 용 질 빈 난 야
好勇疾貧 亂也

용맹을 사랑하면서 자신의 빈곤한 처지를 증오하는 자들은 반란을 일으킨다.

疾: 증오하다

주석가들은 공자가 자신의 정치적 삶에서 직접 경험한 체험을 말하고 있다고 하죠.

그러나 공자는 무조건 반란자를 경계하고 살았던 사람이 아닙니다.

반란을 일으킨 공산불뉴, 필힐의 부름에 응하려 했던 공자

오히려 인(仁)의 정치를 실험할 기회라고 생각했어…

혁명과는 다른 난(亂)이라는 조건 아래에서만 의미 있을 수 있는 장입니다.

| 난(亂) 사회에 대한 증오 | 혁명(革命) 보편적 가치에 대한 사랑 |

프랑스혁명 산업혁명
러시아혁명
선거혁명

8-11 子曰: "如有周公之才之美, 使驕且吝,
자왈   여유주공지재지미   사교차린

其餘不足觀也已."
기 여 부 족 관 야 이

공자께서 말씀하셨다.

"주공의 자질을 타고난 아름다운 인간이라 할지라도, 교만하고 인색하다면, 그 나머지는 볼 것도 없다."

태백제팔(泰伯第八)

8-12 子曰:"三年學, 不至於穀, 不易得也."
자왈 삼년학 부지어곡 불이득야

공자께서 말씀하셨다.

"삼 년쯤 공부하고서도 녹봉에 뜻을 두지 않는 자를 얻기가 쉽지 않구나."

이것 역시 후기 학단의 사정이 엿보이는 장입니다. 공자 때는 인재 등용이 그렇게 활발하게 이루어지지는 않았죠.

인간이 삼 년 공부한다고 뭘 그리 알 수 있을까요?

전국 시대

공무원 대모집
읽고 쓸 줄 알면 합격!

삼 년 공부했으니 나도?

그런데도 삼 년만 공부하면 모두 벼슬길로 나갈 수 있는 상황이 된 것이죠.

곡(穀) = 녹봉

학문을 오래 하고서도 녹봉을 구하지 않는, 이와 같은 인물을 얻기가 쉽지 않다고 개탄하신 것이다.

– 신주

고주는 전혀 다른 해석을 하지만 저는 신주를 따랐습니다.

곡(穀) = 좋은 결실

삼 년만 공부해도 좋은 결실을 얻을 텐데, 제대로 하려는 자가 없다!

공안국

모범 답안 같은 공자의 말이 계속되고 있습니다.

재미도 없고
너무 범생이 스타일
뻔한...

태백편

증자학단의 성격?

구원투수
자사(子思)
공자의 손자, 〈중용〉 지음

증자 밑에서 자사가 나오지 않았다면 참으로 증자학단은 역사에 발자취를 남기기 어려웠을 겁니다.

8-13

子曰: "篤信好學, 守死善道. 危邦不入, 亂邦不居.
자왈　　독신호학　　수사선도　　위방불입　　난방불거

공자께서 말씀하셨다.

"증험하는 것을 착실하게 해가면서 배우기를 좋아하고,
죽음을 각오하고 도덕적 가치를 지켜야 한다.
위험한 나라에는 들어갈 필요가 없고,
어지러워진 나라는 거(居)하지 말고 떠나라.

天下有道則見, 無道則隱. 邦有道, 貧且賤焉, 恥也;
천하유도즉현　　무도즉은　　방유도　　빈차천언　　치야

邦無道, 富且貴焉, 恥也."
방무도　　부차귀언　　치야

천하에 도가 있으면 자신을 드러내도 좋으나,
천하에 도가 없으면 숨어버려라.
나라에 도가 있을 때는 가난하고 비천하게 사는 것이 치욕이요,
나라에 도가 없을 때는 부유하고 높은 지위에 있는 것이
치욕이니라."

태백제팔(泰伯第八)

8-14 子曰: "不在其位, 不謀其政."
자왈   부재기위   불모기정

공자께서 말씀하셨다.

"정확한 벼슬자리에 있지 않으면
정사를 도모하지 않는다."

이 말은 공자와 공자학단의 원칙이었을 수도 있고
증자학파의 정신을 나타내는 말일 수도 있습니다.
함부로 정치에 간여하지 않는다.

그러나 대중이 정치에 참여하는 시대에는 적합하지 않은 말이죠.
정치인이 아니면 일체 정부에 대해 말하지 말라(?)
재야·민간인

오늘날과 같은 시대에는 재야의 지식인들도 정치에 대해 의견을 말해야 합니다.
지식인의 사회적 의무
도덕적으로 분노할 줄 알며
올바른 판단을 제시한다.
잘못되어가는 정치를 비판하고

공자는 이렇게 외치고 있는 것인지도 모릅니다.
부재기위 不在其位
책임감
지위가 없는 상태에서 어정쩡하게 기웃거리는 일은 하지 않는다.

불모기정 不謀其政
자신감
나를 쓰고 싶다면 나에게 정확한 지위(位)를 달라!

지식인과 정치권력과의 관계에 있어서 많은 것을 생각하게 하는 미묘한 장입니다.
임금님 귀는 당나귀 귀~!

8-15 子曰:"師摯之始, 關雎之亂, 洋洋乎盈耳哉!"
자왈　사지지시　관저지란　양양호영이재

공자께서 말씀하셨다.

"노나라의 위대한 음악가인 악사(樂師) 지(摯)의 창으로
시작되는 그 [관저關雎]의 종장 마지막 순간까지,
그 장엄한 관현악 연주가 아직도 내 귀에
양양(洋洋)하게 넘실거리고 있도다!"

악사 지(摯)는 노나라의 위대한 음악가였고

이름: 지

사양자(師襄子)
: 노나라 태사, 악장

공자의 거문고 선생님

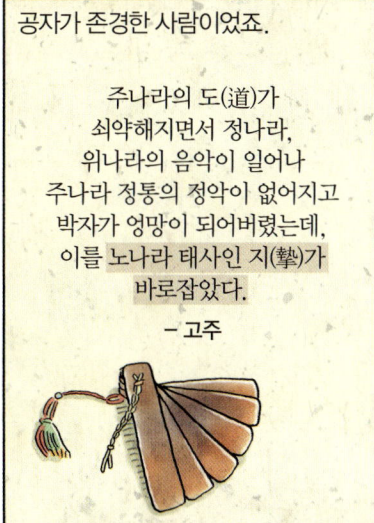

공자가 존경한 사람이었죠.

주나라의 도(道)가 쇠약해지면서 정나라, 위나라의 음악이 일어나 주나라 정통의 정악이 없어지고 박자가 엉망이 되어버렸는데, 이를 노나라 태사인 지(摯)가 바로잡았다.

– 고주

[관저] 노래는 처음에 악장인 지의 독창으로 시작되었다가

사 지 지 시
師摯之始　～의 시작

나중에 장엄한 관현악이 연주되고 있습니다.

관 저 지 란
關雎之亂　～의 끝

꽈광~

우리나라도 일제 강점기와 전쟁을 거치면서 판소리나 가야금 산조가 모두 제 모습을 잃었죠.

저는 한때 무형문화재 일산선생의 가르침을 받은 적이 있는데

소리북의 명인,
일산 김명환(一山 金命煥)
(1913-1989)

8-16 子曰:"狂而不直, 侗而不愿, 悾悾而不信,
자왈 광이부직 통이불원 공공이불신

吾不知之矣."
오부지지의

공자께서 말씀하셨다.

"미친 듯이 정열적으로 보이면서도 정직하지 않고,
어린아이처럼 순진하게 보이면서도 견실하지 않고,
촌스러운 듯 고지식하게 보이면서도 신실치 않아 믿을 수 없는 자들,
이런 놈들을 나는 상대하지 않는다."

사람이 **광**하면 **직**한 미덕이 있어야 하고

김정열 〈정열맨〉, 귀귀

통하면 **원**한 미덕이 있어야 하고

스폰지밥, 〈네모바지 스폰지밥〉

공하면 **신**한 미덕이 있어야 하죠.

삼장법사, 〈날아라 슈퍼보드〉

과도한 성격은 과도한 대로 장점이 있어야 하는데,

말 중에서 뒷발질을 잘하고 사람을 물어뜯어 사고를 잘 치는 말은 반드시 달리기는 잘한다. 그리고 잘 달리지 못하는 말은 또 양순하여 길들이기가 쉽다.

그 장점마저 없으면 쓸모없는 사람이라는 말씀입니다.

그런데 이런 결점이 있으면서 저런 덕도 없으면, 이런 놈들은 천하에 내다버려야 할 쓰레기 같은 재목들이다.

— 소동파, 〈주자집주〉

소동파의 말이 통쾌합니다.

이렇게 공자는 항상 인간의 삶에 대해 구체적으로 말하고 있죠.

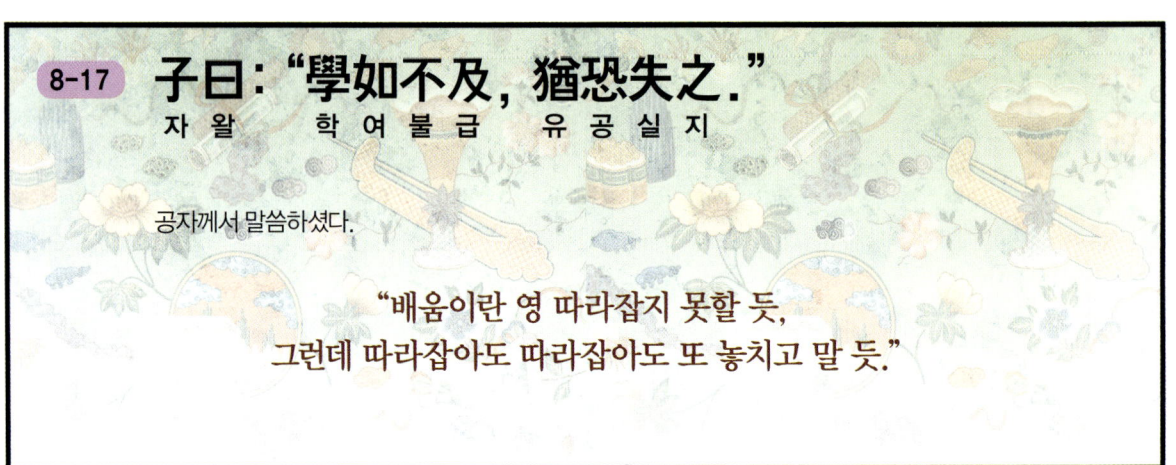

8-18

子曰:"巍巍乎, 舜禹之有天下也而不與焉."
자왈   외외호   순우지유천하야이불여언

공자께서 말씀하셨다.

"드높고 또 드높도다! 순임금과 우임금의 다스림이여!
천하를 소유하면서도 간여치 아니하시고
능력 있는 신하들이 역량을 발휘토록 하시었다."

고주는 **불여**를 선양의 전통을 찬양한 것으로 풀이하지만

불여 不與 — 구하지 않고 얻다

우임금과 순임금은 천하를 구하지 아니하고 얻었다.
— 고주

선양: 왕위를 넘겨주다

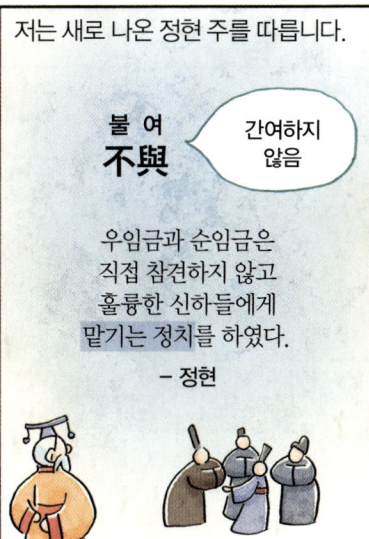

저는 새로 나온 정현 주를 따릅니다.

불여 不與 — 간여하지 않음

우임금과 순임금은 직접 참견하지 않고 훌륭한 신하들에게 맡기는 정치를 하였다.
— 정현

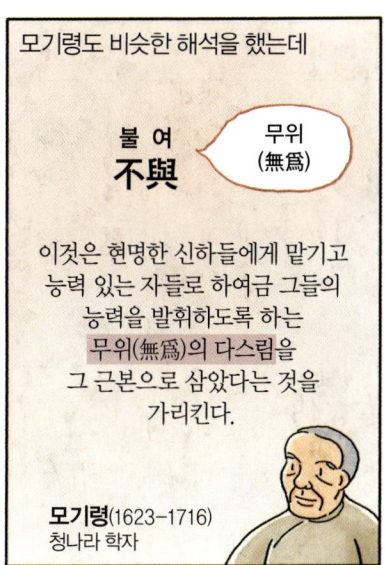

모기령도 비슷한 해석을 했는데

불여 不與 — 무위(無爲)

이것은 현명한 신하들에게 맡기고 능력 있는 자들로 하여금 그들의 능력을 발휘하도록 하는 무위(無爲)의 다스림을 그 근본으로 삼았다는 것을 가리킨다.

모기령(1623–1716) 청나라 학자

신주는 조금 다른 해석입니다.

불여 不與 — 달갑게 생각하지 않다

'불여'는 상관하지 않는 것이다. 전체의 대의는 천자의 지위를 얻었다는 것을 즐거움으로 삼지 않았다는 것을 말하고 있다.

즐거움으로 삼지 않았다는 것은 그 위(位)에 집착함이 없었다는 뜻이죠.

초기 유가의 정치철학은 도가적 사유와 크게 어긋나지 않습니다.

외외 巍巍

외외는 드높고 거대한 모습을 말합니다.

태백제팔(泰伯第八)

8-19 子曰: "大哉, 堯之爲君也! 巍巍乎, 唯天爲大, 唯堯則之.
자왈 대재 요지위군야 외외호 유천위대 유요칙지

蕩蕩乎, 民無能名焉! 巍巍乎, 其有成功也! 煥乎, 其有文章!"
탕탕호 민무능명언 외외호 기유성공야 환호 기유문장

공자께서 말씀하셨다.

"아~ 위대하도다! 요(堯)의 임금되심이여!
높고 또 드높은 저 하늘, 저 거대함, 오직 요임금만이 본받는구나!
그 덕이 넓고 또 드넓으니, 백성들은 그 이름을 몰라라!
높고 또 드높아라, 그 공을 이루심이여!
찬란하게 그 문화가 빛나는도다!"

지금 우리에게는 요임금이나 순임금이 신화적 존재이지만,

공자가 살던 당시만 해도 멀지 않은 역사적 인물로 여겨졌을 겁니다.

신화적 존재는 꽤 오랜 시간에 걸쳐 형성되는 것이죠.

위인 → 성인

춘추시대 | 전국시대

오로지, 홀로

唯天爲大 唯堯則之

기준으로 삼다

사물의 높고 큼이 하늘보다 더한 것은 없는데, 요임금의 덕만 오로지 그 하늘을 기준으로 삼는다.

주희

신주는 이런 해석이지만

民無能名焉

하늘을 언어로 나타낼 수 없듯이 백성이 그것을 말로 표현할 수 없는 것이다.

고주의 해석이 훨씬 더 좋습니다.

民無能名焉

요임금의 덕이 너무 넓고 원대하여 백성들이 요임금의 이름조차도 알지 못했다.

사람들이 임금의 이름조차 모르면서 태평성세를 누릴 수 있다면 그것은 분명 유토피아의 모습이죠.

8-20

舜有臣五人, 而天下治. 武王曰: "予有亂臣十人."
순유신오인 이천하치 무왕왈 여유난신십인

孔子曰: "才難, 不其然乎?
공자왈 재난 불기연호

순(舜)임금이 어진 신하 다섯을 두시니,
천하가 잘 다스려졌다.
주나라의 무왕(武王)이 일찍이 말하였다.

이를 평하여 공자께서 말씀하셨다.

"나는 세상을 다스리는
훌륭한 신하 열을 두었다."

"인재를 얻기 어렵다 한 옛말이
정말 맞는 말이 아니겠는가?

唐虞之際, 於斯爲盛. 有婦人焉, 九人而已.
당우지제 어사위성 유부인언 구인이이

三分天下有其二, 以服事殷. 周之德, 其可謂至德也已矣!"
삼분천하유기이 이복사은 주지덕 기가위지덕야이의

당(요임금 시대)·우(순임금 시대) 이래 주초(周初)에 이르러
그토록 문화가 성대했는데도, 열 사람 중에 부인이 들어 있으니
인재는 아홉밖에 되지 않는다. 주나라의 토대를 닦은 문왕은
천하를 이미 삼분하여 그 둘을 소유했는데도 복종하여
은(殷)나라의 주(紂)임금을 섬기었다.
주나라의 덕이야말로 지극한 덕이라 일컬을 만하다."

태백제팔(泰伯第八)

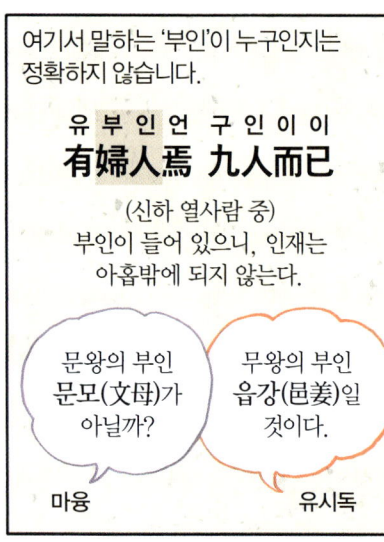

8-21 子曰：“禹, 吾無間然矣. 菲飮食而致孝乎鬼神,
자 왈　우　오 무 간 연 의　비 음 식 이 치 효 호 귀 신

공자께서 말씀하셨다.

"우임금은 내가 흠잡을 틈이 없는 분이시다.
마시고 드시는 것을 아주 소략하게 하시면서도
하늘과 땅의 하느님께는 인간의 정성을 다하셨다.

惡衣服而致美乎黻冕, 卑宮室而盡力乎溝洫, 禹, 吾無間然矣.”
악 의 복 이 치 미 호 불 면　비 궁 실 이 진 력 호 구 혁　우　오 무 간 연 의

당신이 평소 입으시는 의복은 조촐하게 하시면서도
의례용 무릎가리개와 면류관에는 아름다움을 다하셨다.
당신이 거하시는 처소는 보잘것없게 하시면서도
백성을 위한 치수(治水)의 도랑 파기에는 몸소 있는 힘을 다하셨다.
아~ 우임금은 진실로 내가 흠잡을 틈이 없는 분이시로다."

이 장에서 고대의 성왕을 찬양하는 공자 말씀 중 가장 와닿는 위대한 말씀입니다.

원래는 우(禹)의 아버지 곤(鯀)이 요임금의 명령으로 홍수를 다스렸지만 별로 성적이 좋질 않았죠.

9년 동안 죽어라 제방을 쌓았지만

피해만 더욱 커진다!

그러나 아버지 대신 아들 우가 들어서자

우를 임명한다!

아버지 때의 실수를 되풀이하지 않겠다.

나년간 자효조사 및 계획수립

태백제팔(泰伯第八)

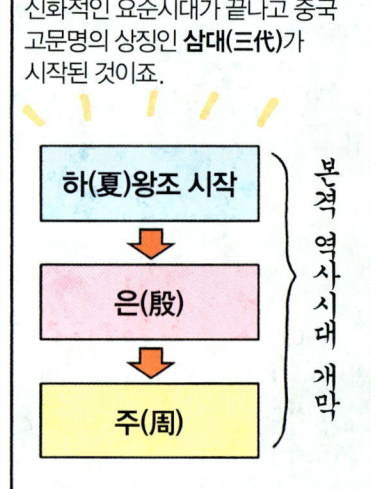
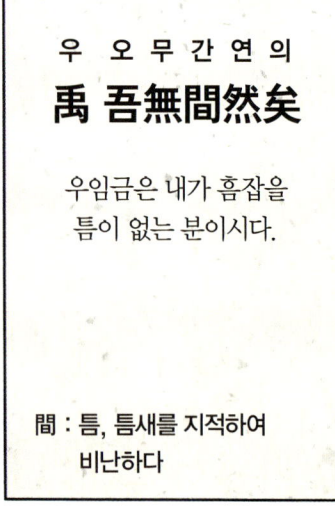

비 음식 이 치 효 호 귀 신
菲飮食而致孝乎鬼神

(자신은) 제대로 갖추지 않은 음식을 먹으면서도 귀신에게는 정성을 다하다.

菲 : 각박한, 갖추지 않은
致 : 정성스럽게 하다

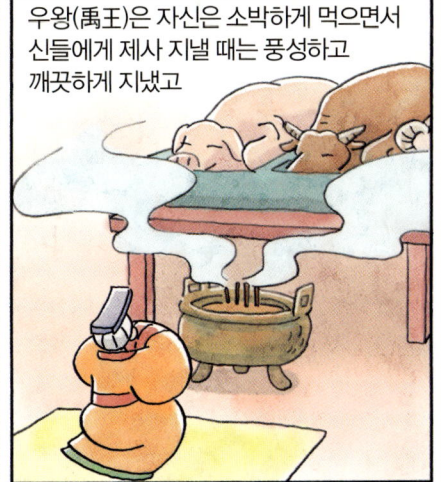

우왕(禹王)은 자신은 소박하게 먹으면서 신들에게 제사 지낼 때는 풍성하고 깨끗하게 지냈고

악 의 복 이 치 미 호 불 면
惡衣服而致美乎黻冕

평상복은 질이 좋지 않은 옷을 입으면서도 의례용 예복과 면류관에는 아름다움을 다하다.

惡 : 거칠고 질이 좋지 않은
黻 : 무릎 덮는 예복
冕 : 면류관

평상시엔 검소하게 입어도 공식적인 정사를 돌볼 때는 격식을 갖춘 차림새를 했으며

← 면류관 : 왕이 공식적인 자리에서 쓰던 관

← 불(黻) : 비단에 수를 놓아 화려하게 만든 예복

비 궁 실 이 진 력 호 구 혁
卑宮室而盡力乎溝洫

지내는 곳은 보잘것없게 하면서도 구혁에는 있는 힘을 다하다.

卑 : 낮고, 보잘것없다
宮室 : 궁궐 안에 있는 방
溝 : 도랑, 개울   洫 : 봇도랑

간소하게 지내면서도 백성들을 가뭄과 홍수에 대비하게 하는 일에는 팔을 걷어붙이고 나섰다는 겁니다.

구혁(溝洫) : 들판과 논밭 사이의 작은 도랑

보(洑) : 논의 물을 대기 위해 빗물을 끌어들인 곳

봇물을 흐르게 만든 봇도랑

이것은 가장 쉬울 듯하면서도 가장 실천하기 어려운 지도자의 자질이죠.

- 비음식 — 음식을 갖추어 먹지 않고
- 악의복 — 품질이 떨어지는 옷을 입고
- 비궁실 — 궁실을 비천하게 한다

이런 가치를 실천하지 못해 치욕으로 떨어진 지도자를 얼마나 많이 봐왔던가요?

이 세상의 지도자는 반드시 자기를 받드는 데 각박하게 하고 대중을 위해서는 있는 힘을 다해야 합니다.

국민을 위한다면서 자신의 주장을 무리하게 밀고 나가는 것도 대부분 자기 욕심에서 나오는 것이죠.

거창한 장밋빛 프로젝트

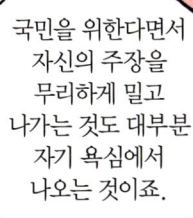

우임금

새로운 문명이 시작되려면 자신을 버리는 지도자의 헌신적인 노력이 있어야 한다는 것을 우임금이 보여주고 있습니다.

태백제팔(泰伯第八)

자한제구(子罕第九)

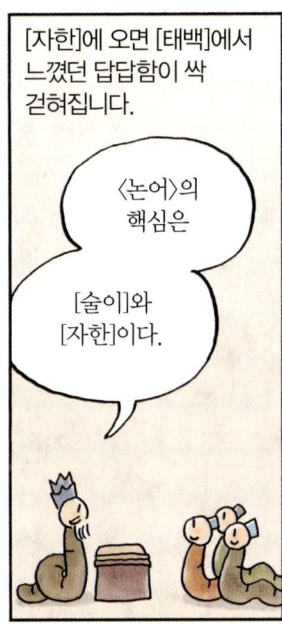
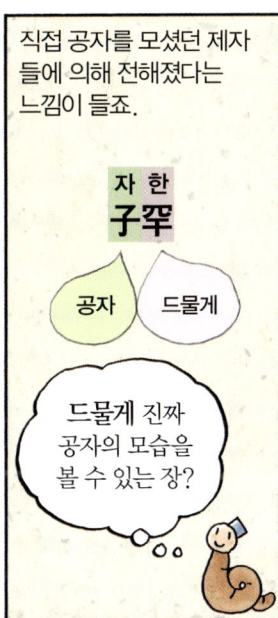

9-1 子罕言利與命與仁.
자한언리여명여인

공자께서는 이(利)와 명(命)과 인(仁)은 드물게 말씀하셨다.

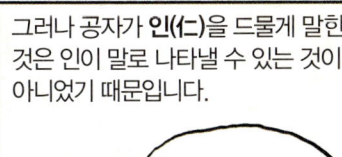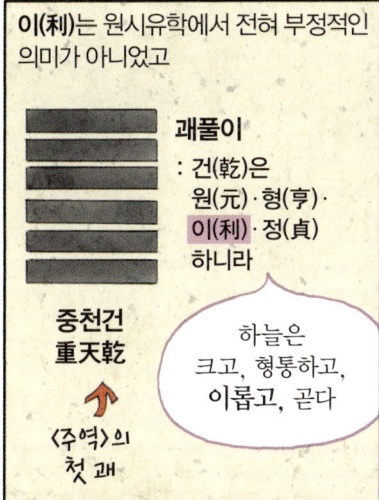

9-2 達巷黨人曰:"大哉孔子! 博學而無所成名."
달항당인왈　　　대재공자　박학이무소성명

달항당(達巷黨)의 사람이 말하였다.

"위대하십니다. 우리 공자님! 그렇게 넓도록
배우셨어도 한 가지로 이름을 날리지는 않으셨으니!"

子聞之, 謂門弟子曰:"吾何執? 執御乎? 執射乎? 吾執御矣!"
자문지　위문제자왈　　오하집　집어호　집사호　오집어의

공자가 후에 이 말을 들으시고
문하(門下)의 제자들에게 일러 말씀하셨다.

"내가 무엇을 전공으로 삼을꼬?
말몰이를 전공할까? 활쏘기를 전공할까?
아~ 나는 역시 말몰이를 전공 삼아 이름을 날리고 싶다."

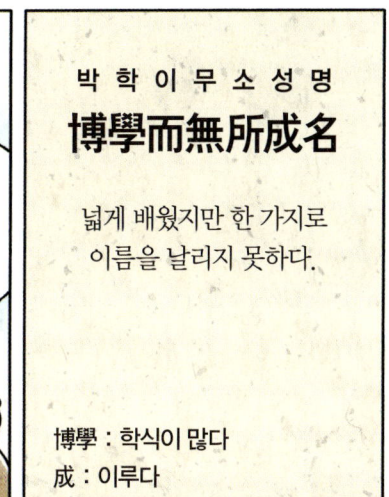

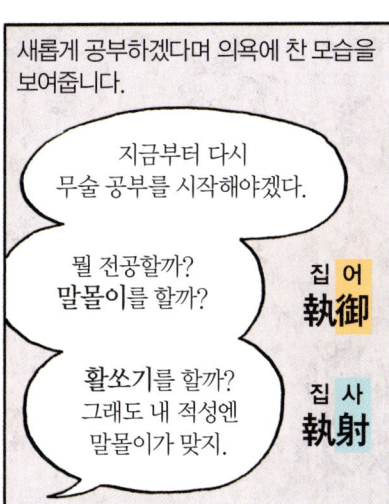

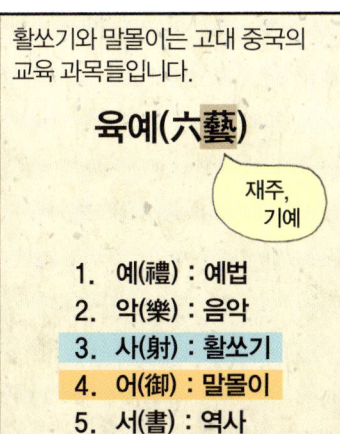

영화 〈벤허〉에 나오는 전차 경주도 결국 어(御)의 대결인데,

주연: 찰턴 헤스턴

〈벤허〉 1959년 작

우리는 육예를 말하면서도 그중 둘이 활쏘기와 말몰이라는 것을 쉽게 잊곤 하죠.

벤허와 한번 겨뤄 볼까?

21세기에는 선비로서의 공자뿐만 아니라, 전차를 모는 벤허 같은 공자 상을 만들어가야 하고

이것이 나의 진짜 모습! 몰랐지~?

우두무—

우리나라의 각종 무술 도장이 국민의 육예 교육의 훌륭한 장이 될 수 있도록 관심을 기울여야 합니다.

진정한 공부는 신체를 단련하는 데서 시작된다

이 장의 경우, 신주는 전혀 현실적이지 못한 해석을 하고 있는데

'사'와 '어' 모두 하나의 기예인데, 말몰이는 남을 위해 종 노릇 하는 것이므로 그 잡음(執)이 더욱 비천하다. …이는 겸허히 하신 말씀이다.

— 〈주자집주〉

송(宋)시대에는 이미 문·무가 완전히 나누어져 있어 공자가 무(武)의 달인이었다는 것을 느낄수 없었던 거죠.

공자님께서 하인의 일을 하겠다고 하셨다니…

꿍‥

어질~

이러한 송유의 한계가 우리나라 조선 시대의 무인을 경시하는 그릇된 선비상을 만든 겁니다.

탁상공론 후

무리한 명령

충무공 이순신도 피해자!

달항당 사람의 말은 당시의 매우 당연한 상식에서 나왔습니다.

공자 정도의 인물이라면 당연히 무예에 있어서도 뛰어난 면이 있어야 한다고 생각했던 거죠.

9-3 子曰：“麻冕，禮也；今也純，儉。吾從衆.
자왈　　마면　예야　금야순　검　오종중

拜下，禮也；今拜乎上，泰也。雖違衆，吾從下。”
배하　예야　금배호상　　태야　　수위중　　오종하

공자께서 말씀하셨다.

"고운 베로 만든 관을 쓰는 것이 본래의 예였다.
그러나 요즈음은 생사로 만든 관을 쓴다. 검약하다.
나는 시속(時俗)을 따르겠다.
예로부터 당 아래서 절하는 것이 본래의 예였다.
그러나 요즈음은 사람들이 당 위에서 절한다. 오만하다.
나는 시속을 따르지 않고 그냥 당 아래서 절하겠다."

9-4 子絶四: 毋意, 毋必, 毋固, 毋我.
자절사 무의 무필 무고 무아

공자께서는 평소 삶에 네 가지의 태도가 전혀 없으셨다 :

주관적 억측이 없으셨다.
무리하게 관철시키려는 자세가 없으셨다.
변통을 모르는 고집이 없으셨다.
나(我)라는 집착이 없으셨다.

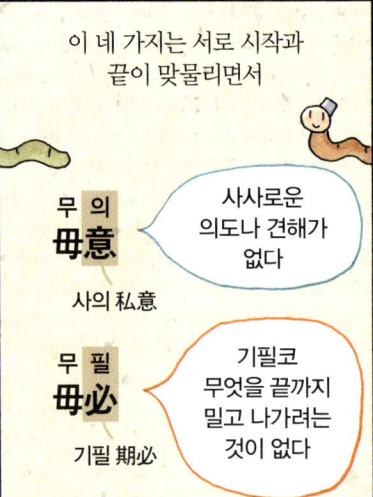

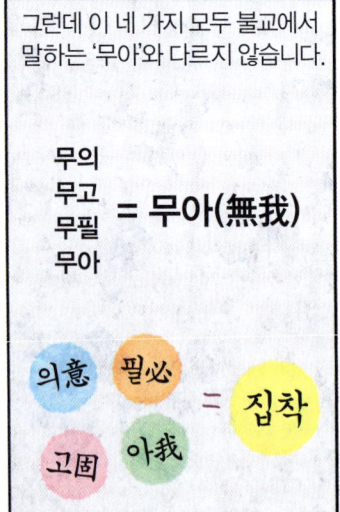

9-5

子畏於匡, 曰: "文王旣沒, 文不在玆乎?
자 외 어 광 왈   문 왕 기 몰   문 부 재 자 호

공자는 광(匡) 땅에서 포위되어 그 일행은
죽음을 두려워 해야 할 곤경에 빠져 있었다.
공자께서는 그 난 중에서도 이와 같이 말씀하셨다.

"문왕(文王)께서 이미 돌아가신 지 오래지만
그 문(文)이 여기 나에게 있지 아니한가?

天之將喪斯文也, 後死者, 不得與於斯文也.
천 지 장 상 사 문 야   후 사 자   부 득 여 어 사 문 야

天之未喪斯文也, 匡人其如予何!"
천 지 미 상 사 문 야   광 인 기 여 여 하

하늘이 이(斯) 문(文)을 버리시려 한다면 그대들이 살아남는다 하더라도,
그대들은 내 몸에 있는 이 문(文)을 더불어 하지 못하리라!
만약 하늘이 이 문(文)을 정녕코 버리지 않으신다면
광(匡) 사람인들 감히 나를 어쩌랴!"

이 사건의 정확한 내막은 알기 어렵습니다.

광(匡) 땅이 어디인지도 정확하게 알 수 없죠.

〈사기〉에 의하면 공자가 유랑을 시작한 초기, 위나라에서 진(陳)나라로 가던 도중에

BC 497년경

광의 사람들이 공자를 이 지역을 침략해 사람들을 괴롭혔던 양호와 착각해서 생긴 일이라고 하는데

양호: 계씨의 가신이었으나 반란을 일으키고 이곳 저곳을 떠돌다 진(晉)에 망명한 인물

양호   공자

9-6 大宰問於子貢曰: "夫子聖者與? 何其多能也?"
태 재 문 어 자 공 왈   부 자 성 자 여   하 기 다 능 야

子貢曰: "固天縱之將聖, 又多能也."
자 공 왈   고 천 종 지 장 성   우 다 능 야

오나라의 태재(大宰: 수상)가
자공에게 물어 이르기를,

그러자 자공이 대답하였다.

"부자께서는 진실로 성인이시군요.
그토록 재능이 다방면에 넘치시니!"
하였다.

"그럼요. 진실로 하느님께서 당신의 뜻에 따라
우리 공자님을 성인으로 만들려 하시니,
또한 그토록 많은 재능을 주셨습니다."

子聞之曰: "大宰知我乎! 吾少也賤, 故多能鄙事.
자 문 지 왈   태 재 지 아 호   오 소 야 천   고 다 능 비 사

君子多乎哉? 不多也!"
군 자 다 호 재   부 다 야

공자께서 후에 이 말을 들으시고
다음과 같이 말씀하셨다.

"태재, 그 사람이 나를 아는구나!
나는 어렸을 때 천한 사람이었다.
그러기에 비속한 잔일에 재주가 많을 뿐이로다.
군자가 재주가 많아야 할까? 그러하지 아니하니라."

牢曰: "子云, '吾不試, 故藝.'"
뢰 왈   자 운   오 불 시   고 예

제자 뢰가 말하였다.

"나는 선생님께서 다음과 같이 말씀하시는 것을 들은 적이 있다.
'나는 나의 포부를 시험해볼 수 있는 자리에 있어본 적이 없다.
그래서 잔재주가 많다.'"

이 장에는 〈논어〉를 읽으면서 제가 인간적으로 가장 충격을 받았던,

그리고 성인(聖人)에 대한 상투적인 생각을 단번에 깨뜨린 구절이 나옵니다.

바로 공자가 자신의 삶을 진솔하게 고백한 부분이죠.

吾少也賤 오 소 야 천

나는 어릴 때 천한 사람이었다.

신분이 낮고 보잘것없는…

오나라의 태재가 자공에게 질문하는데,

오나라의 수상(首相)

부자께서는 어찌 그리 다방면에 재능이 그토록 많으십니까!

청나라 방관욱과 새로 발견된 정현 주(注)에 의하면 애공 12년의 일이라고 합니다.

하늘이 장차 선생님을 성인으로 만들려고 많은 재능을 주셨나 봅니다.

자공 38세

그런데 그 말을 전해 들은 공자가 말하죠.

태재 그 사람이 나를 좀 아는구나! 나는 어려서 천하게 자랐지.

공자 69세

허허…

多能鄙事 다 능 비 사

천하고 하찮은 일

그래서 여러 잔일에 재주가 많은 거야.

안 해본 일이 없어…

이렇게 진실되고 솔직하게 말하는 공자의 꾸밈없는 인품 이야말로 진정한 성인의 경지가 아닐까요?

공자는 태어난 지 3년 만에 아버지를 잃고

아버지 숙량흘

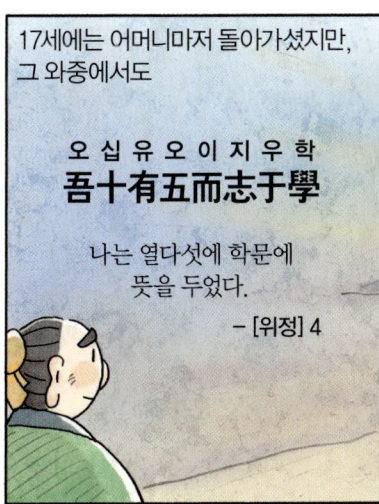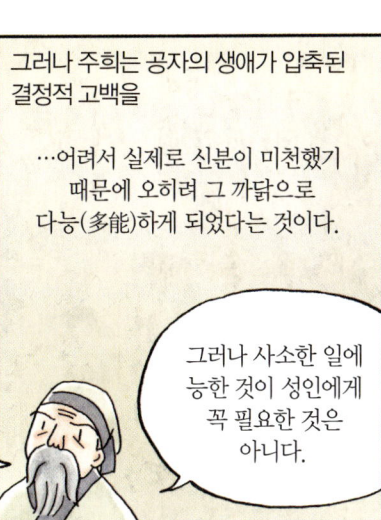

> **9-7** 子曰: "吾有知乎哉? 無知也. 有鄙夫問於我, 空空如也,
> 자왈 오유지호재 무지야 유비부문어아 공공여야
> 我叩其兩端而竭焉."
> 아고기양단이갈언

공자께서 말씀하셨다.

"세상 사람들이 나보고 박식하다고들 하는데, 과연 내가 뭘 좀 아는가?
나는 아는 것이 별로 없다.
비천한 아이라도 나에게 질문을 하면, 비록 그것이 골 빈 듯한 멍청한
질문이라 할지라도, 나는 반드시 그 양단(兩端)의 논리를 다 꺼내어
그가 납득할 수 있도록, 있는 성의를 다해 자세히 말해준다.
이래서 내가 좀 아는 것처럼 보였을지도 모르지."

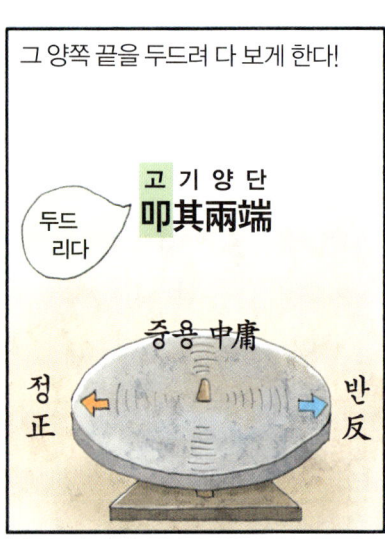

9-8 子曰: "鳳鳥不至, 河不出圖, 吾已矣夫!"
자왈 봉조부지 하불출도 오이의부

공자께서 말씀하셨다.

"아~ 봉황새가 이르지 않는구나.
황하가 도상(圖象)을 떠올리지 않는구나.
아~ 나도 어느덧 스러져가는구나!"

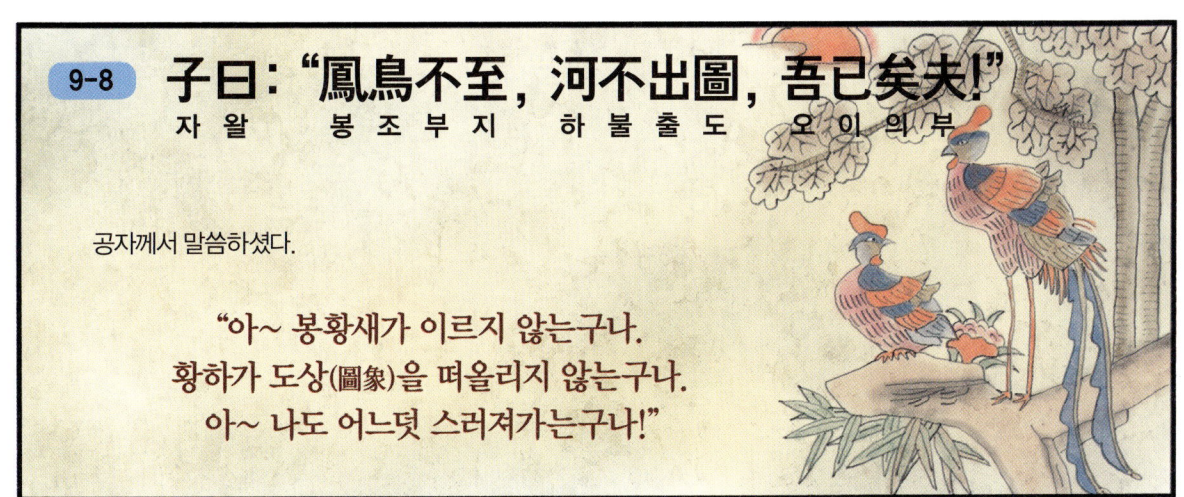

[화조도 8폭 병풍](부분), 가회민화박물관

최소한 70세 이후의 공자가 읊은 아름다운 탄식의 시구입니다.

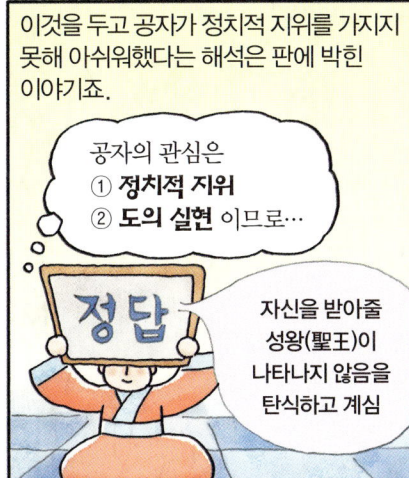

이것을 두고 공자가 정치적 지위를 가지지 못해 아쉬워했다는 해석은 판에 박힌 이야기죠.

공자의 관심은
① 정치적 지위
② 도의 실현 이므로…

정답

자신을 받아줄 성왕(聖王)이 나타나지 않음을 탄식하고 계심

도(圖)는 중국 황하에 나타난 용마(龍馬)의 등에 그려져 있다는 그림을 말하는데

하도(河圖)

낙서(洛書)

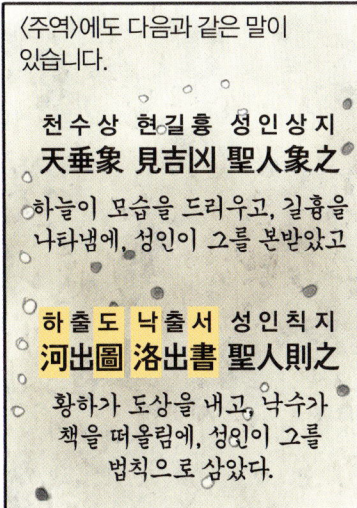

〈주역〉에도 다음과 같은 말이 있습니다.

천수상 현길흉 성인상지
天垂象 見吉凶 聖人象之

하늘이 모습을 드리우고, 길흉을 나타냄에, 성인이 그를 본받았고

하출도 낙출서 성인칙지
河出圖 洛出書 聖人則之

황하가 도상을 내고, 낙수가 책을 떠올림에, 성인이 그를 법칙으로 삼았다.

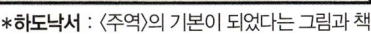

*하도낙서 : 〈주역〉의 기본이 되었다는 그림과 책

오 이 의 부
吾已矣夫

(생명이) 다하다

봉황이 이르고 하도가 나오는 것은 문명의 상서로움인데

이것이 느껴지지 않는다는 것은 부자께서 그 자신의 문장(文章)이 스러져감을 느끼신 것이다.

장횡거

그러나 이 장을 미신적으로 풀이할 필요는 없습니다.

그냥 공자가 자신의 삶을 시적으로 비유한 것으로만 봐도 충분하죠.

자한제구(子罕第九) 109

9-9 子見齊衰者, 冕衣裳者與瞽者, 見之,
자견자최자 면의상자여고자 견지

雖少必作, 過之必趨.
수소필작 과지필추

공자께서 거친 베옷을 입은 사람과 사모관대 의상을 제대로 갖춘 사람, 그리고 눈먼 사람을 보시면, 그들이 나이가 어려도 반드시 일어나셨고, 그들 곁을 지나치실 때는 종종걸음으로 조심스럽게 지나가셨다.

9-10 顔淵喟然歎曰:"仰之彌高, 鑽之彌堅.
안연위연탄왈   앙지미고   찬지미견

瞻之在前, 忽焉在後. 夫子循循然善誘人,
첨지재전   홀언재후   부자순순연선유인

안연이 한숨 쉬며
크게 탄식하여 가로되,

"우리 스승의 도는 우러러볼수록 높아만지고,
뚫고 또 뚫어보아도 더욱 견고할 뿐.
바라보니 앞에 계시더니, 홀연히 뒤에 계시네.
스승님께서는 그토록 차근차근 사람을 잘 이끌어
앞으로 나아가게 하시는도다.

博我以文, 約我以禮. 欲罷不能, 旣竭吾才, 如有所立卓爾.
박아이문   약아이례   욕파불능   기갈오재   여유소립탁이

雖欲從之, 末由也已."
수욕종지   말유야이

나를 문(文)으로 넓혀주셨고, 나를 예(禮)로 집약시켜 주셨도다.
공부를 그만두자 하여도 그만둘 수 없어 나의 있는 재능을 다하고자 하나,
스승님은 어느샌가 또 새롭게 우뚝 서 계시는도다!
아~ 스승님을 따르고자 하나 어디서 그 실마리를 잡아야 할꼬. 아~ 나의 스승님!"

9-11 子疾病, 子路使門人爲臣. 病間, 曰: "久矣哉,
자질병　자로사문인위신　병간 왈　　구의재

由之行詐也! 無臣而爲有臣. 吾誰欺? 欺天乎!
유지행사야　무신이위유신　오수기　　기천호

공자께서 병에 걸리셨는데 위중한 상태에 이르렀다.
자로(子路)가 문인(門人)들을 가신(家臣)으로 삼아 대부의 장례 체제를 준비하였다.
병에 차도가 있자, 공자께서 기운을 차리시고 말씀하셨다.

"버릇이 길구나. 유(由)야, 왜 또 거짓을 행하려느뇨?
나는 본시 가신이 없는 사람, 가신을 두다니, 내 누구를 속일 것이냐?
세인의 이목을 속일 수 없으니 하늘까지 속이려느뇨?

且予與其死於臣之手也, 無寧死於二三子之手乎!
차여여기사어신지수야　　무녕사어이삼자지수호

且予縱不得大葬, 予死於道路乎?"
차여종부득대장　여사어도로호

나는 가신의 허세 속에서 죽기보다는
차라리 평생 정든 너희들 손에 죽으련다.
어마어마한 장례는 얻지 못한다 해도
내 설마 길거리에서 죽기야 하겠느냐?"

아마도 [술이]편 34장과 같은 장면에서 일어난 일인 듯한데,

공자께서 위중한 병에 걸리자 자로가 기도할 것을 청하였다…

형님, 우리 같이 기도합시다!

공자의 상태가 위중한 지경에 이르자 자로는 자신이 공자의 장례를 치러야 한다고 생각했죠.

형님, 정말 이대로 가시는 거유…

애처롭게 힘쓰는 자로의 모습이 훤히 보이는 듯합니다.

그만들 울고 내 말을 잘 들어라.

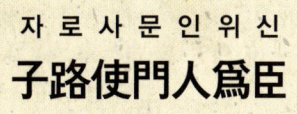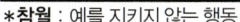

9-12 子貢曰: "有美玉於斯, 韞匵而藏諸? 求善賈而沽諸?"
자공왈　유미옥어사　온독이장저　구선가이고저

子曰: "沽之哉! 沽之哉! 我待賈者也."
자왈　고지재　고지재　아대가자야

자공이 여쭈었다.

"여기 아름다운 옥(玉)이 있다고 하죠. 이것을 궤짝에 넣어 감추어 두시겠습니까? 좋은 가격을 구하여 내다 파시겠습니까?"

공자께서 이에 말씀하셨다.

"팔아야지! 팔아야지! 암 팔아야 하구말구. 그러나 나는 사러오는 자를 기다릴 뿐."

> **9-13** 子欲居九夷. 或曰: "陋, 如之何?"
> 자욕거구이 혹왈 누 여지하
>
> 子曰: "君子居之, 何陋之有?"
> 자왈 군자거지 하누지유

공자께서 편벽한 변방의 아홉 나라에 가서 살고 싶어하셨다.
혹자가 말하기를,

"그곳은 누추한 곳인데, 어찌 그런 곳에서 사실 생각을 하십니까?" 하니,

공자께서 대답하셨다.

"군자가 그곳에 거하는데, 어찌 누추함이 있을까 보냐!"

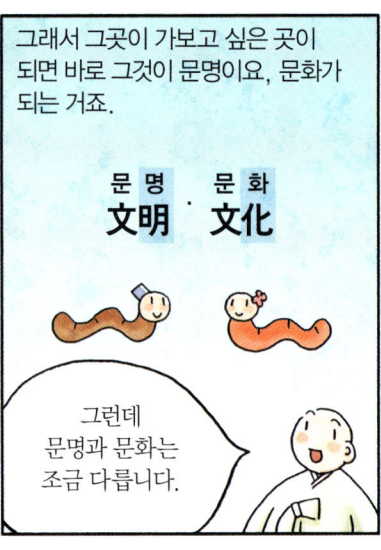

9-14 子曰：" 吾自衛反魯, 然後樂正, 雅頌各得其所."
자왈 오자위반노 연후악정 아송각득기소

공자께서 말씀하셨다.

"내가 위나라로부터 노나라로 돌아온 뒤로 음악이 바르게 되었다.
아(雅)와 송(頌)이 각기 제자리를 얻었다."

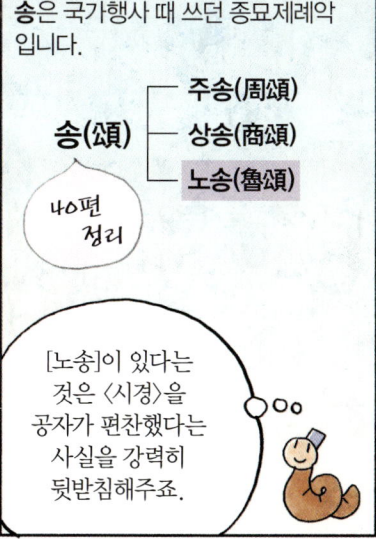

> 9-15
> 子曰:"出則事公卿, 入則事父兄,
> 자왈 출즉사공경 입즉사부형
> 喪事不敢不勉, 不爲酒困, 何有於我哉?"
> 상사불감불면 불위주곤 하유어아재
>
> 공자께서 말씀하셨다.
>
> "밖에 나아가서는 공경(公卿)을 섬기고, 집에 들어와서는 부형(父兄)을 섬기며,
> 상사(喪事)는 성의를 다하여 도와주며, 술로 인해 주정부리지 않는 것,
> 이것이 어찌 나에게 어려운 일일 수 있겠는가!"

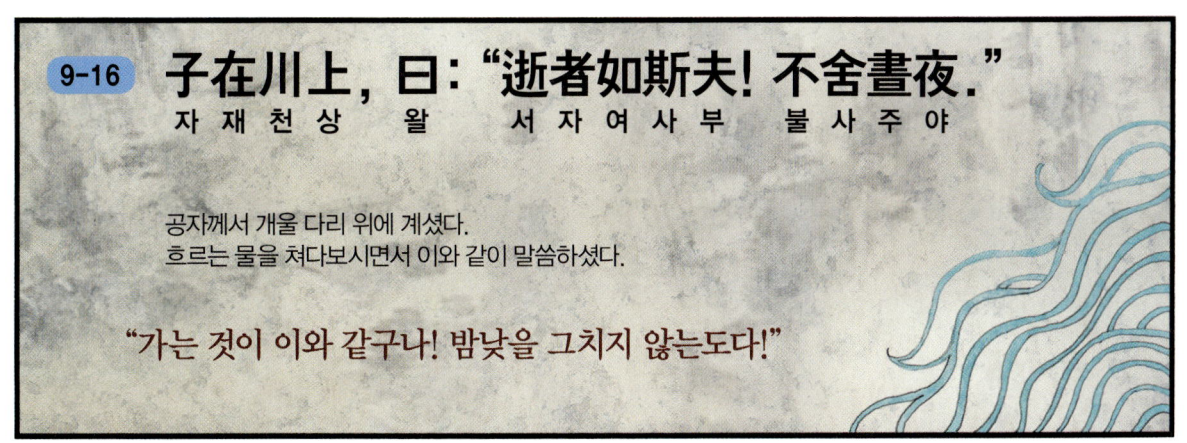

9-17 子曰:"吾未見好德如好色者也."
자왈 오미견호덕여호색자야

공자께서 말씀하셨다.

"나는 덕(德)을 좋아하기를
아리따운 여인을 좋아하듯 하는 사람은
아직 보지 못하였다."

이 장은 공자가 얼마나 평소에 구체적이고 가까운 사례를 들어 말하는 사람인지 잘 보여 주고 있습니다.

인간에게 있어 색처럼 강렬한 유혹은 없죠.

색(色) = 성적 쾌감 (sexual pleasure)
성적 욕망 (sexual desire)

키스 해링

프로이트가 성적 욕망을 인간 생활의 주요한 에너지로 설명했듯이

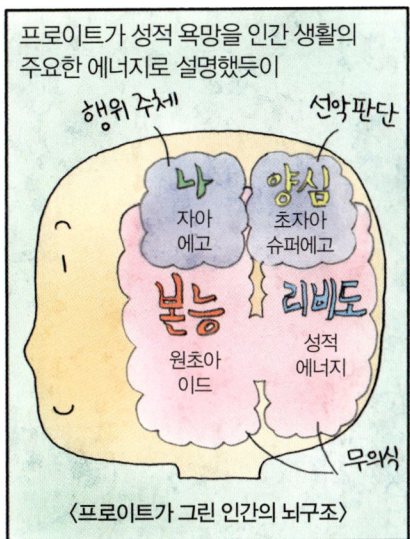
〈프로이트가 그린 인간의 뇌구조〉

인류의 모든 문학과 종교가 사실은 이 성적 에너지의 다양한 변형일 뿐이죠.

이 자세로 4년간 (1508-1512) 시스티나 성당의 천장화를 그린 미켈란젤로

이렇게 에너지를 대체하는 방식은 인간에게서 빼놓을 수 없는 고귀한 행동양식인데,

같은 성당에서 다시 6년간 (1536-1541) 〈최후의심판〉 벽화를 그림

미켈란젤로는 그림과 조각에 몰두함으로써 색을 잊었다.

프로이트

그 본능적 충동을 학문에 대한 탐구로 맞바꿔놓고 있는 것에 공자 메시지의 강렬함이 있는 겁니다.

그 에너지를 배움에 대한 기대와 욕구로 바꾸면 된다!

자한제구(子罕第九)

도마복음은 인간의 색에 대한 충동을 사자(lion)에 비유하고 있습니다.

예수께서 가라사대, "복되도다 사자여! 사람이 그대를 먹어 삼키기에 그대는 사람이 되는도다. 저주 있을진저 사람이여! 사자가 그대를 먹어 삼킬 것이니, 사자가 사람이 될 것이로다."
— 제7장

색의 충동은 사자가 덮치듯 우리에게 달려들지만, 우리는 오히려 그 사자를 먹어버려야 합니다.

그래야 그 사자는 사람이 될 수 있죠.

사자를 먹은 사람

이렇게 사자를 삼켜 먹는 행위를 공자는 **호덕**이라고 말합니다.

호덕 여 호 색
好德如好色

반대로 사자가 사람을 먹어버리는 것은 비극적 상황이죠.

사람을 먹은 사자

저는 이 장의 말씀을 참으로 사랑합니다. 진실로 내가 호색하듯이

사현도가 말하였다.
아름다운 여색을 좋아하고, 기분 나쁜 악취를 싫어하는 것은 인간의 본성에 들어 있는 성(誠)이다.

성(誠) — 순수한 마음

그만큼 강렬하게 학문에 몰두할 수 있을까?

여색을 좋아하듯 덕을 좋아할 수만 있다면 이 성(誠)이 바로 호덕(好德)하는 성(誠)이 되는 것이다. 그러나 이를 능히 실천할 수 있는 사람이 드문 것이 걱정일 뿐.
— 〈주자집주〉

이 장은 2·30대 젊은이들에게 던지는 공자의 메시지입니다.

젊은이들이여, 덮치는 사자를 한입에 삼키는 사람이 됩시다!

9-18 子曰:"譬如爲山, 未成一簣, 止, 吾止也.
자왈   비여위산   미성일궤   지   오지야

譬如平地, 雖覆一簣, 進, 吾往也."
비여평지   수복일궤   진   오왕야

공자께서 말씀하셨다.

"비유컨대 흙을 쌓아올려 산을 만든다고 하자!
열심히 쌓아올려 한 삼태기의 흙이면 산이 완성될 텐데 그것을 중지하면,
아무리 공이 많다 하더라도 그것은 내가 중지한 것이다.
비유컨대 구덩이를 메꾸어 길을 낸다고 하자!
비록 첫 한 삼태기의 흙이라도 내가 쏟아부었다면, 길이 나게 되는 것은
아직 아무리 공이 적다 하더라도 그것은 내가 시작한 것이다."

'위산'과 '평지'는 정확하게 대칭하고 있습니다. **위산**은 평지에 흙을 쌓아올려 산을 만드는 것이고,

평지는 구덩이를 메꾸어 길을 내는 것이죠.

아무리 거대한 성취라도 노력을 게을리하고 중단하면 하루아침에 물거품이 될 수 있는 것이요,

공이 많아도 멈춘 것은 내가 멈춘 것이요, 공이 적어도 시작한 것은 내가 시작한 것이다.

아무리 작은 시작이라도 열심히 하기만 한다면 거대한 성취를 반드시 이루어 낼 수 있다는 말씀입니다.

배움의 길에 있어서 시작과 끝이 모두 내 책임이다.

시작을 격려하고 완성할 것을 권하는 공자의 위대한 **호학**의 메시지입니다.

9-19 子曰: "語之而不惰者, 其回也與!"
자왈 어지이불타자 기회야여

공자께서 말씀하셨다.

"내가 학문에 관한 이야기를 하면
많은 놈들이 지루한 표정을 짓지.
그러나 언제든 지루해하지 않고 따라오는 자,
안회일 뿐."

'역시 안회'라는 생각이 들게 하는 공자의 칭찬입니다.

많은 사람들이 안회가 이해력이 빨랐기 때문에 이런 칭찬을 들었다고 생각했지만

不惰 불 타
게으름, 권태

안회의 집중력은 머리가 특별히 영민해서가 아니었죠.

진지한 삶의 자세

학문에 대한 끊임없는 열정

말씀을 놓칠새라 열심히 메모

안자(顔子)는 부자의 말씀을 듣기만 하면 마음속 깊이 이해하였고 힘써 행하였고, 조차전패(造次顚沛: 위급한 순간)에서도 그 말씀을 어긴 적이 없었다.

이는 만물이 제때에 단비를 만나 꽃을 피우고 점점 자라는 것과도 같으니 어찌 태만함이 있을 수 있겠는가? 이것이 바로 뭇 제자들이 안회에 미치지 못하는 면이었다.
– 범순부, 〈주자집주〉

안회는 노력가였고, 무엇보다도 진실한 사람이었습니다.

그리고 고지식했고, 모든 것을 내면에서 삭히는 인간형이었죠.

9-20 子謂顔淵, 曰:"惜乎! 吾見其進也, 未見其止也."
자위안연 왈 석호 오견기진야 미견기지야

공자께서 안회를 평하여 말씀하셨다.

"애석하도다! 그가 가다니! 나는 그의 나아감만 보았고, 그가 중지하는 것을 본 적이 없다."

안회가 죽은 후 공자가 그를 안타깝게 회상하는 장면으로,

늙은 스승의 앞서 간 제자에 대한 사랑의 극진함을 느낄 수 있습니다.

그러나 반드시 안회만이 아니라, 제자든 누구든 훌륭한 사람을 그리워하는 공자의 인간미가 느껴집니다.

9-21 子曰:"苗而不秀者, 有矣夫! 秀而不實者, 有矣夫!"
자왈 묘이불수자 유의부 수이불실자 유의부

공자께서 말씀하셨다.

"이 세상엔 싹을 틔웠으나 애석하게도 꽃을 못 피우는 자도 있고, 꽃을 피웠으나 애석하게도 열매를 맺지 못하는 자도 있도다!"

안회의 죽음을 애석하게 여기는 심정을 이토록 아름다운 은유로 표현하고 있습니다.

이 세상에는 꽃을 못 피운 위대한 싹과 열매를 맺지 못하고 꺾인 인물들이 얼마나 많나요?

연해주 벌판의 한인촌 옛터

인간의 의지를 넘어선 운명과 삶의 무상함이 담겨 있는 장입니다.

"저는 연해주에서 일제의 총칼에 스러진 조선의 새싹들의 운명을 여기, 애석해하는 공자의 심정으로 그렇게 느껴본 적이 있습니다."

9-22

子曰: "後生可畏, 焉知來者之不如今也?
자왈　후생가외　언지래자지불여금야

四十五十而無聞焉, 斯亦不足畏也已."
사십오십이무문언　사역부족외야이

공자께서 말씀하셨다.

"새로 자라나는 젊은 생명들은 참으로 두려워할 만하다.
앞으로 올 생명들이 지금 세대보다 못하다고 누가 감히 말하는가!
사오십이 되어도 뚜렷한 족적이 없는 자,
이 또한 족히 두려워할 것 없는 자들일 뿐."

후생가외는 지금도 자주 쓰고 있는 말입니다.

비슷한 말로 청출어람, 후생각고 등이 있죠.

후 생 각 고
後生角高

나중에 난 뿔이 더 우뚝하다

후 생 가 외
後生可畏

앞으로 올 세대는 참으로 두려워할 만하다.

後生 : 후대에 태어날 사람
畏 : 두려워하다

이것은 공자가 인간 지성의 진보를 확신했으며

스승님! 이 책은 대체 뭐죠?

쿠오오오

이것만 읽으면 뭐든지 다 알 수 있을 것 같아요!

앞으로 올 세대들이 분명 지금보다 더 나아질 거라는 신념을 가졌음을 보여줍니다.

그런 책이 어딨어…

착실히 공부나 해…

여기서 **후생**은 전통적으로 안회를 가리킨다고 여겨져 왔지만,

두려워할 만한 후생(後生)

콕 집어

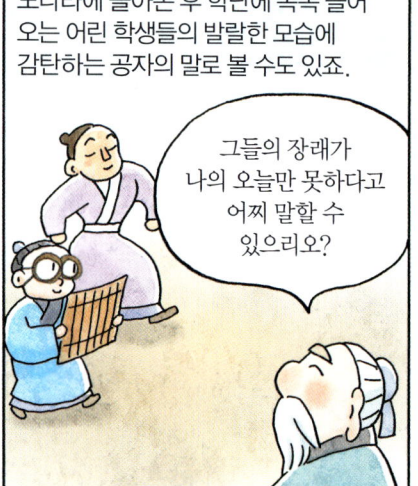

노나라에 돌아온 후 학단에 속속 들어오는 어린 학생들의 발랄한 모습에 감탄하는 공자의 말로 볼 수도 있죠.

그들의 장래가 나의 오늘만 못하다고 어찌 말할 수 있으리오?

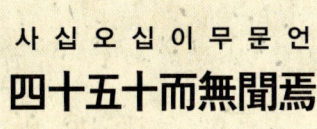

사 십 오 십 이 무 문 언
四十五十而無聞焉

나이가 들었는데도(40, 50세) 세상에 알려짐이 없다면

聞 : 널리 알려진 이름. 명망(名望)

공자는 미래 세대를 희망적으로 생각하면서도 현재의 인간들에게는 경종을 울립니다.

정신 차리게!

사·오십이 되어 확고한 자기 이름을 굳히지 못한 자들은 미래에 기대할 것이 없다는 거죠.

사 역 부 족 외 야 이
斯亦不足畏也已

이 또한 족히 두려워할 것이 없는 자일 뿐이다.

斯亦 : 이 또한
足 : 족히, 넉넉히

[양화]편에도 이와 관련된 말이 나옵니다.

> 나이가 사십이 되어서도 사람들에게 미움을 받으면 그것으로 끝이다.
> — [양화] 26

나이 40에도 궤도가 잘못 설정되어 있는 인간은 그것으로 끝이라는 거죠.

나이 40이면 열매를 못 맺었다 하더라도

나이 오십이 되어도 선(善)으로써 알려지지 못하면 영영 알려지지 못한다.
— 증자

미래의 가능성이 이미 확고하게 자리를 잡아야 합니다.

그러나 젊어서부터 힘차게 전진하는 자는 그가 지고한 경지에 이르지 못한다고 누가 함부로 말하겠는가? 바로 이 젊은이들이야말로 두려워할 만한 대상이다."
— 윤언명, 〈주자집주〉

그러니 젊은 나이에 열심히 공부하지 않을 수 있습니까?

그래야 인생의 궤도를 제대로 놓을 수 있죠.

자한제구(子罕第九)

9-23 子曰: "法語之言, 能無從乎? 改之爲貴. 巽與之言, 能無說乎? 繹之爲貴.
자왈 법어지언 능무종호 개지위귀 손여지언 능무열호 역지위귀

공자께서 말씀하셨다.

"법에 따라 해주는 권위 있는 말은, 따르지 않을 수 있겠느뇨? 자신의 잘못을 고치는 것이 귀하니라. 귀에 거슬림이 없는 부드러운 말은, 기쁘지 않을 수 있겠느뇨? 왜 칭찬을 받는지 그 실마리를 캐어보는 것이 귀하니라.

說而不繹, 從而不改, 吾末如之何也已矣."
열이불역 종이불개 오말여지하야이의

기뻐하기만 하고 그 실마리를 캐어보지도 않고, 따르기만 하고 자신의 잘못을 고치지 않는 사람들은, 내가 과연 해줄 수 있는 것이 무엇이 있겠느뇨?"

9-24

子曰:"主忠信, 毋友不如己者, 過則勿憚改."
자왈   주충신   무우불여기자   과즉물탄개

공자께서 말씀하셨다.

"우러나오는 마음과 믿음 있는 말을 주로 하며, 자기보다 못한 자를 벗삼지 아니하며, 허물이 있으면 고치기를 꺼려하지 말라."

[학이] 8장에 같은 구절이 나왔었죠.

9-25

子曰:"三軍可奪帥也, 匹夫不可奪志也."
자왈   삼군가탈수야   필부불가탈지야

공자께서 말씀하셨다.

"삼군의 거대 병력으로부터도 우리는 그 장수를 빼앗을 수 있다. 그러나 초라한 필부에게서도 그 뜻을 빼앗을 수는 없다."

인간의 의지가 얼마나 위대한가를 보여주는 공자의 명언입니다.

삼군은 [술이] 10에도 나왔듯이 대군단의 병력이지만

그것은 어디까지나 외부의 힘과 시스템의 문제이죠.

전술·전략만 잘 짜면 어떤 장수도 빼앗을 수 있다!

그러나 필부의 의지는 인간 내면의 힘입니다.

죽음을 각오하고 맞선다면 어떠한 외부의 힘도 그것을 굴복시킬 수 없죠.

인간의 의지는 밖에 있는 것이 아니다.

지 비 재 외 야
志非在外也

다산 정약용

유학이 인간을 존중하는 논리의 강력함을 여기서 다시 한 번 확인하게 됩니다.

인간의 가치는 그 뜻에 있습니다. 뜻이 없다면 그것은 인간이 아니죠.

9-26 子曰:"衣敝縕袍, 與衣狐貉者立而不恥者,
자왈　　　의폐온포　　여의호학자립이불치자

其由也與!'不忮不求, 何用不臧?'"
기유야여　　불기불구　　하용부장

공자께서 말씀하셨다.

"다 해져버린 누비솜옷을 입고,
찬란한 여우가죽이나 담비가죽 갖옷을 입은 신사 옆에 서 있어도,
조금도 꿀리지 않고 당당할 수 있는 자!
유(由)일진저! 〈시〉에 있지 않은가!
'사람을 해치지 아니하며, 남의 것을 탐하지 아니하니,
어찌 선(善)하지 않을 수 있으리오?'"

子路終身誦之. 子曰:"是道也, 何足以臧?"
자로종신송지　자왈　　시도야　　하족이장

자로가 듣고 신이 나서 이 〈시〉의 구절을 종신토록 암송하려 하였다.
이에 공자께서 꾸짖어 말씀하셨다.

"그런 방법이 어찌 족히 좋다 말할 수 있으리오?"

우직하고 정직하기에 꿀림이 없고 당당한 우리의 자로!

당당

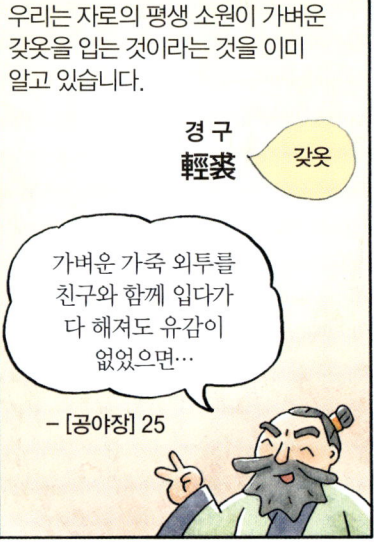

우리는 자로의 평생 소원이 가벼운 갖옷을 입는 것이라는 것을 이미 알고 있습니다.

경구
輕裘 갖옷

가벼운 가죽 외투를 친구와 함께 입다가 다 해져도 유감이 없었으면…
— [공야장] 25

가벼운 여우가죽 외투는 당대 가장 호사스러운 귀족이나 입을 수 있는 옷이었는데

수탉의 꼬리를 머리에 꽂던 시절부터 선망의 대상

한번 입어나 봤으면~

자한제구(子罕第九)

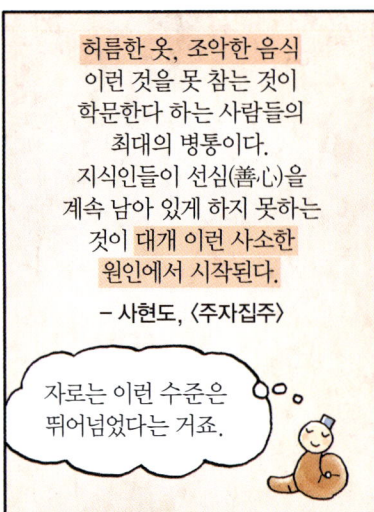

9-27 子曰: "歲寒, 然後知松栢之後彫也."
자왈 세한 연후지송백지후조야

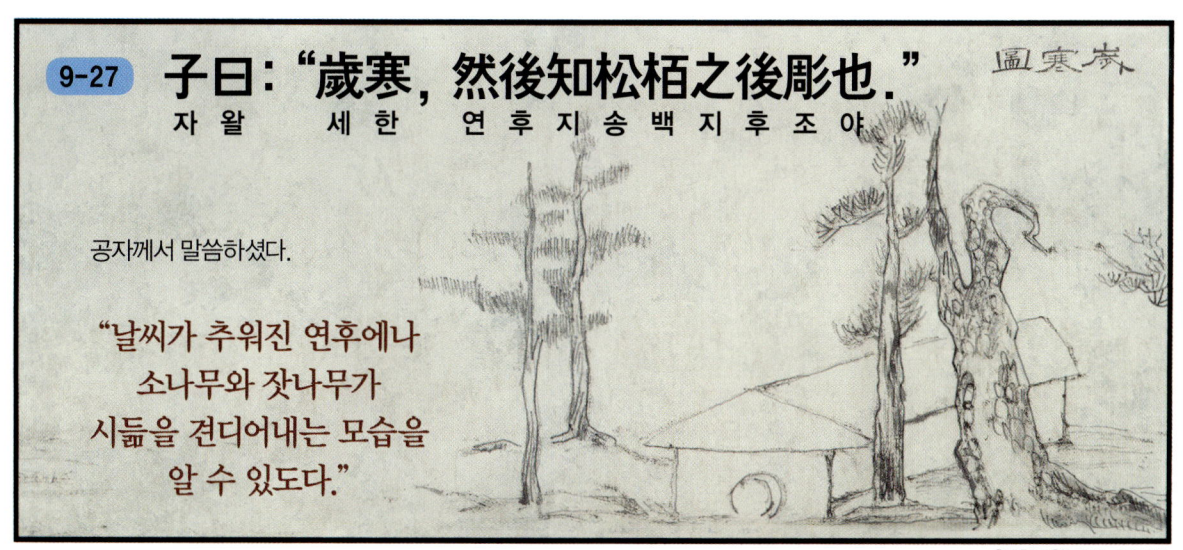

공자께서 말씀하셨다.

"날씨가 추워진 연후에나 소나무와 잣나무가 시듦을 견디어내는 모습을 알 수 있도다."

[세한도](부분), 김정희

'세한'은 일 년 중 가장 추운 계절을 말하죠.

세 한
歲寒

새해 명절을 전후한 추위

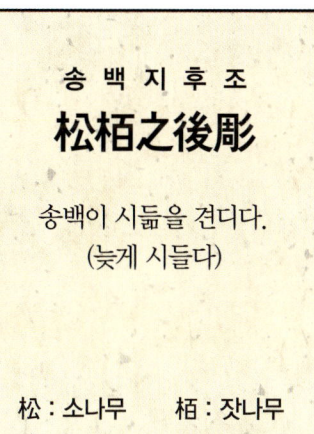

송 백 지 후 조
松栢之後彫

송백이 시듦을 견디다.
(늦게 시들다)

松 : 소나무　栢 : 잣나무
後 : 늦게 오다　彫 : 시들다

후조는 강조가 **쉽게 시들지 않는다**에 있기 때문에 저는 이렇게 번역했습니다.

시듦을 견디다

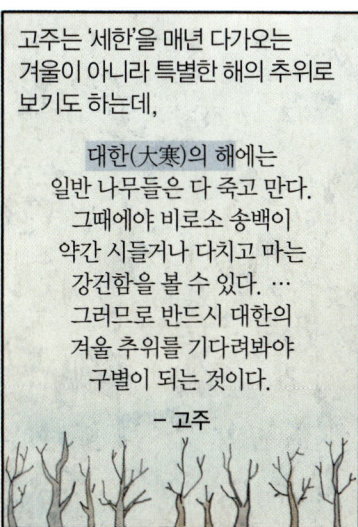

고주는 '세한'을 매년 다가오는 겨울이 아니라 특별한 해의 추위로 보기도 하는데,

대한(大寒)의 해에는 일반 나무들은 다 죽고 만다. 그때에야 비로소 송백이 약간 시들거나 다치고 마는 강건함을 볼 수 있다. … 그러므로 반드시 대한의 겨울 추위를 기다려봐야 구별이 되는 것이다.

– 고주

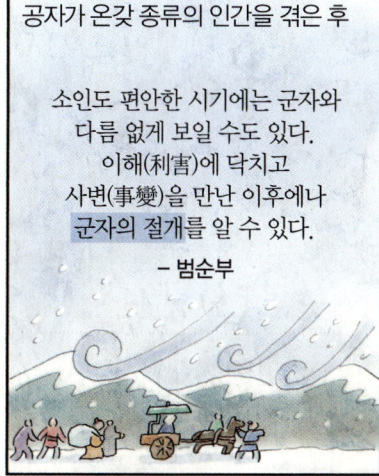

어쨌든 이 장은 14년 유랑 길을 마친 공자가 온갖 종류의 인간을 겪은 후

소인도 편안한 시기에는 군자와 다름 없게 보일 수도 있다. 이해(利害)에 닥치고 사변(事變)을 만난 이후에나 군자의 절개를 알 수 있다.

– 범순부

꿋꿋하게 자기 길을 걸어온 자신과 주변 제자들의 모습을 송백에 비유한 것이죠.

선비가 궁한 데 처해야 그 신념이 돋보이고, 세상이 어지러워야 충신(忠臣)이 구별된다.

– 사현도, 〈주자집주〉

*역관: 통역을 맡은 하급 관리

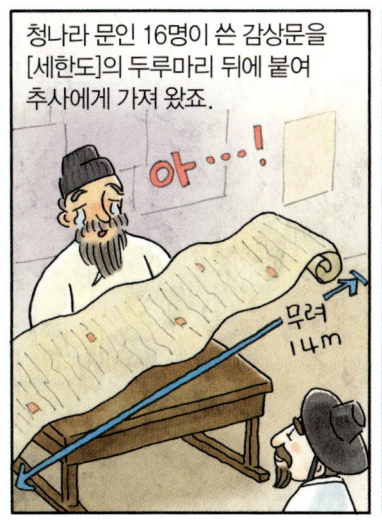

자한제구(子罕第九)

9-28

子曰：“知者不惑, 仁者不憂, 勇者不懼.”
자왈　　지자불혹　　인자불우　　용자불구

공자께서 말씀하셨다.

"지자(知者)는 미혹됨이 없고, 인자(仁者)는
잔 걱정을 하지 않으며, 용자(勇者)는 두려움이 없다."

9-29

子曰：“可與共學, 未可與適道;
자왈　　가여공학　　미가여적도

可與適道, 未可與立; 可與立, 未可與權."
가여적도　　미가여립　　가여립　　미가여권

공자께서 말씀하셨다. "더불어 함께 배울 수는 있으나, 더불어 함께 도(道)로 나아갈 수는 없다.
더불어 함께 도로 나아갈 수는 있으나, 더불어 함께 우뚝 설 수는 없다.
더불어 함께 우뚝 설 수는 있으나,
더불어 함께 권(權)의 경지에 이를 수는 없다."

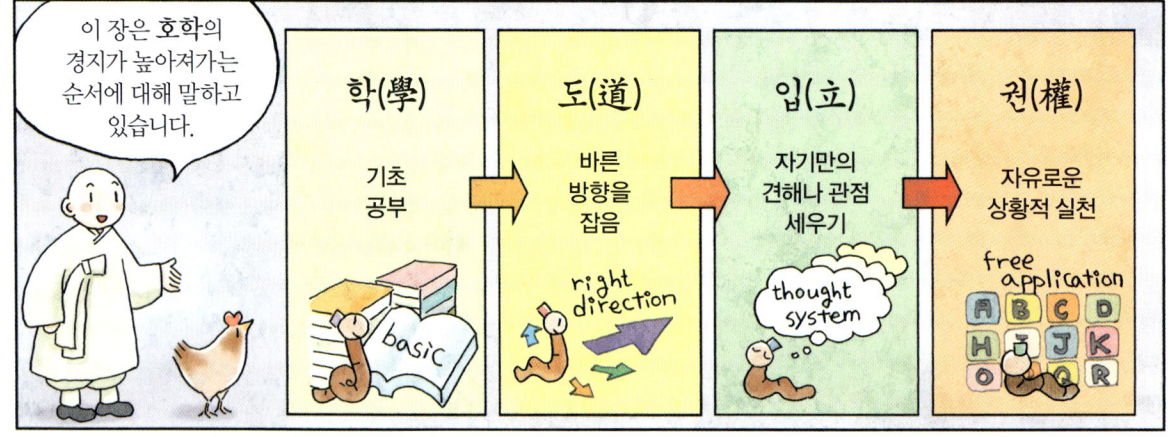

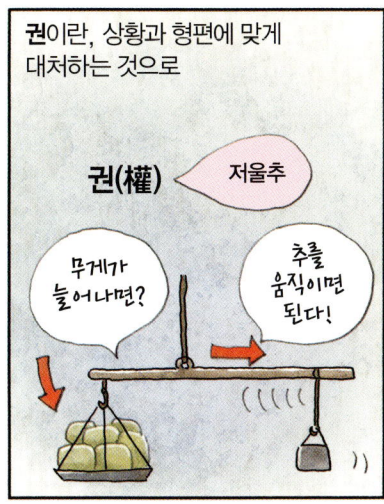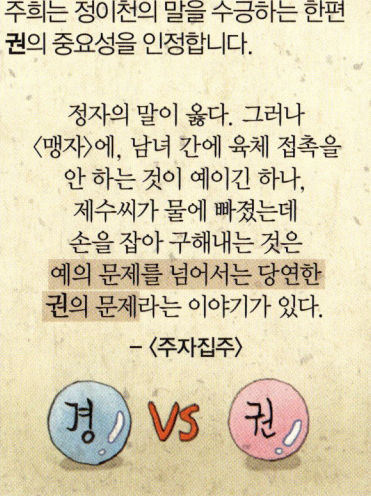

9-30 "唐棣之華, 偏其反而. 豈不爾思? 室是遠而."
당체지화 편기반이 기불이사 실시원이

子曰: "未之思也, 夫何遠之有?"
자왈 미지사야 부하원지유

"이스랏의 꽃잎은 봄바람에 펄럭펄럭,
아~ 어찌 그대가 그립지 않으리오마는,
왜 그리 멀리 있소. 그대 집은."

이 노래를 들으시며 공자께서 말씀하셨다.

"진실로 그리워하고
또 그리워하지도 않으면서,
어찌 집만 멀다 말하느뇨?"

인용된 시는 현재의 〈시경〉 속에 들어 있지 않아 전체 내용을 알기 어렵지만,

이 시에 대한 공자의 해석은 분명합니다.

[술이] 29의 말씀과 통하고 있죠.

17장부터 계속된 호학(好學)의 주제가 시와 함께 마무리되고 있습니다.

향당제십(鄉黨第十)

이 편은 공자의 말씀뿐 아니라 행동을 자세하게 기록하고 있습니다.

서양 철학은 아무리 읽어도 일상 생활의 구체적 지혜를 얻을 수 없지만

유학은 일상적 삶을 최대의 과제로 삼았기 때문에 [향당]편과 같은 기록이 가능했죠.

공자의 삶의 모습을 보고 나의 삶의 문제를 풀어나가도록 한 겁니다.

공자, 조정에 나가다	옷을 입다	음식을 먹다

잠을 자다	수레를 타다	마을 사람들과 함께하다

성인의 도(道)는 일상생활을 벗어나지 않는다…

양중립
1053-1135
북송시대의 학자

10-1 孔子於鄕黨, 恂恂如也, 似不能言者.
공자어향당　순순여야　사불능언자

其在宗廟朝廷, 便便言, 唯謹爾.
기재종묘조정　변변언　유근이

공자께서는 향당에 계실 때에는 따사롭고 공순(恭順)하게만 보여 말을 잘 못하는 사람 같았다. 그러나 종묘와 조정에서는 또박또박 말씀을 잘하셨고 단지 삼가셨을 뿐이다.

향당제십(鄕黨第十)

10-2 朝, 與下大夫言, 侃侃如也; 與上大夫言, 誾誾如也.
조 여하대부언 간간여야 여상대부언 은은여야

君在, 踧踖如也, 與與如也.
군재 축적여야 여여여야

조정에서는 하대부(下大夫)와 말씀하실 때는 반듯하게 말씀하셨고,
상대부(上大夫)와 말씀하실 때는 은은하게 말씀하셨다.
임금이 계실 때는 거동을 조심스럽게 하였으나 위의(威儀)를 잃지는 않았다.

10-3 君召使擯, 色勃如也, 足躩如也.
군 소 사 빈　색 발 여 야　족 각 여 야

揖所與立, 左右手, 衣前後, 襜如也.
읍 소 여 립　좌 우 수　의 전 후　첨 여 야

임금께서 공자를 불러 외국사절단을 접대케 하셨다.
이때는 얼굴빛이 장중하게 변하셨고 걸음은 의례에 맞는 종종걸음을 하셨다.
영빈 대열에 같이 서 있는 동료에게 말을 전할 때는 말을 전하는 방향에 따라
두 손을 읍하여 좌우로 상체를 움직이게 되는데,
늘어진 옷자락의 앞뒤 재봉선이 가지런히 맞아 흐트러짐이 없었다.

趨進, 翼如也. 賓退, 必復命曰: "賓不顧矣."
추 진　익 여 야　빈 퇴　필 복 명 왈　빈 불 고 의

빠르게 나아가실 때에는
긴 소매깃이 좌우로 펄럭이는 모습이
새가 날개를 편 듯하였다.
빙례가 종료되고 외국사절단을 보내고 나면
반드시 명령을 잘 수행하였다고 복명해야 한다.

그때 공자께서는 이와 같이 말씀하셨다.

"손님들은 뒤돌아볼 일 없이
잘 떠났습니다."

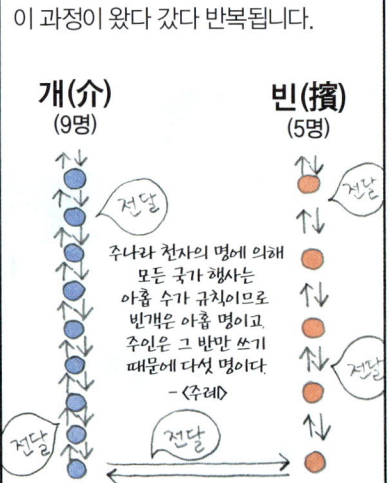

10-4 入公門, 鞠躬如也, 如不容. 立不中門, 行不履閾.
입공문 국궁여야 여불용 입부중문 행불리역

공자께서 궁궐문을 들어가실 때에는
몸을 숙이어 마치 비좁은 곳을
들어가듯 경건히 들어가셨다.
서 있을 때는 사람이 들락거리는 곳
한가운데(중문中門) 서 계신 법이 없었고,
다니실 때는 절대 문지방을 밟지 않으셨다.

過位, 色勃如也, 足躩如也. 其言似不足者.
과위 색발여야 족각여야 기언사부족자

攝齊升堂, 鞠躬如也, 屛氣, 似不息者.
섭자승당 국궁여야 병기 사불식자

임금께서 항상 서 계시는 곳은 빈자리일지라도
지나갈 때는 얼굴빛을 근엄하게 바꾸셨고
발걸음은 종종걸음을 하셨다.
궁궐에서는 평소 말씀하시는 것이 부족한 듯하셨다.
계단을 올라 승당 하실 때에는 치맛자락을
손으로 감아 올리셨고 허리를 굽히어 절하듯 하셨다.
숨을 멈추어 마치 숨이 죽은 듯하셨다.

出, 降一等, 逞顏色, 怡怡如也. 沒階, 趨進, 翼如也.
출 강일등 영안색 이이여야 몰계 추진 익여야

復其位, 踧踖如也.
부기위 축적여야

궁궐에서 일을 다 보고 나오실 때는 계단을 한 단 내려오시고는
얼굴빛을 환히 펴시고, 밝고 편안한 모습을 지으셨다.
일곱 단을 다 내려오시고는 바로 새가 나래를 편 듯
활갯짓 하시며 빠르게 나아가셨다.
그러나 아까 임금이 서 계시던 빈자리를 다시 지나갈 때에는
다시 근엄하게 종종걸음을 하셨다.

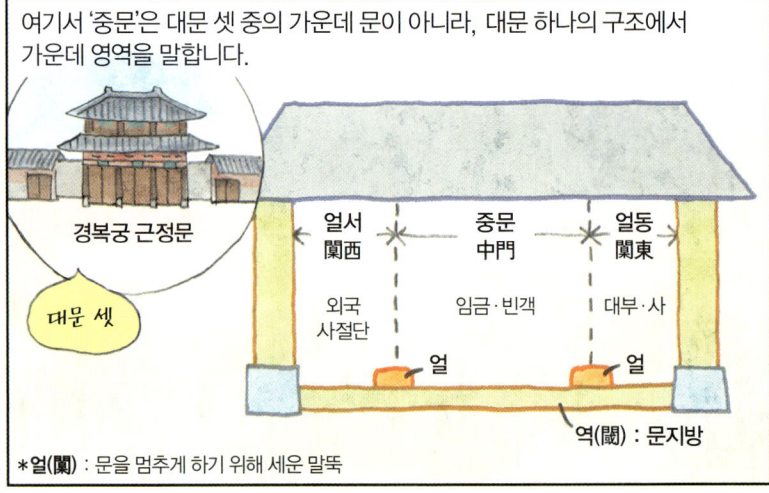
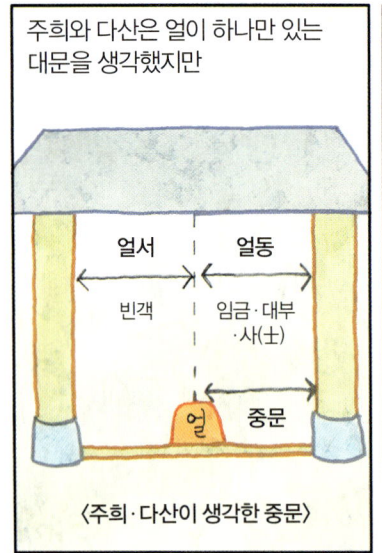

10-5 執圭, 鞠躬如也, 如不勝. 上如揖, 下如授.
집규 국궁여야 여불승 상여읍 하여수

외국에 사신으로 나아가 규(圭)를 잡고 상대방의 군주를 알현할 때에는
몸을 굽혀 마치 그 규의 무게를 못 이기는 듯 장중하게 거동하셨다.
먼저 규를 높게 치켜들면서 읍한 후에,
물건을 드리는 자세로써 규를 내려 봉헌하였다.

勃如戰色, 足蹜蹜如有循. 享禮, 有容色. 私覿, 愉愉如也.
발여전색 족축축여유순 향례 유용색 사적 유유여야

이때 얼굴빛이 변한 것이 파르르 떨 듯하였다.
걸음은 발뒤꿈치를 안쪽으로 휘게 끌면서 궤적을 따라가는 듯이 하였다.
규를 봉헌하고 나면 빙례의 연회가 열리는데
그때는 편안한 기운이 감도는 용모를 지으셨다.
그 후로 사람들을 사사로이 만나보실 때에는 흐뭇하고 유쾌한 모습이었다.

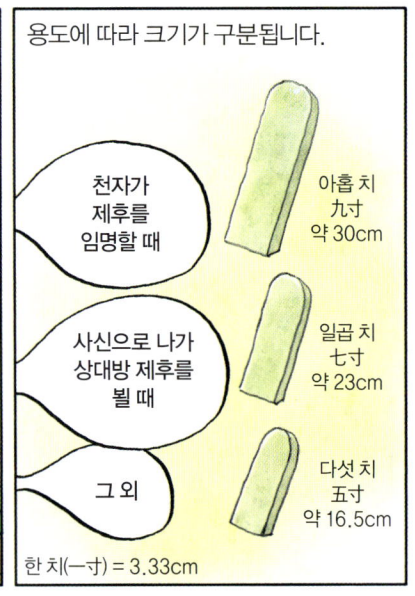

10-6A 君子不以紺緅飾.
군 자 불 이 감 추 식

군자는 감색과 검붉은 색으로는
깃과 끝동에 선을 두르지 않는다.

이 6장은 옷에 대한 설명이 이어지고 있어서, 자세히 설명하기 위해 알파벳을 붙여 나눴습니다.

'감'은 붉은빛이 도는 남색인데, 곤색이라고도 하죠.

감(紺)

감색?

일본어로 '곤'으로 읽기 때문에 ⇒ 곤색

감색과 추색으로는 일반 옷의 테를 두르는 장식을 하지 않았다고 합니다.

추(緅) — 검붉은색

식(飾) — 깃과 소매의 끝동선

그 이유는 특수복과 구별하기 위해서인 듯한데

특수복①
대례복 : 나라에 큰 행사가 있을 때 입는 예복

한자의 뜻만 가지고 색을 정확히 추측하기엔 어려움이 있습니다.

특수복②
연복 : 사람이 죽은 후 1년 만에 지내는 제사 때 입는 상복

군자라면 마땅히 옷차림이 이래야 한다는 말씀이므로

공자가 당시의 의복 관습을 이야기한 것으로 보입니다.

10-6B 紅紫不以爲褻服.
홍 자 불 이 위 설 복

다홍색과 보라색으로는
평상복을 만들어 입지 않으셨다.

10-6C 當暑, 袗絺綌, 必表而出之.
당 서 진 치 격 필 표 이 출 지

더위를 당해서는 고운 갈포나 굵은 갈포로 만든 홑겹의 옷을
반드시 겉에 입으시고 맨살을 드러내지 않으셨다.

10-6D 緇衣, 羔裘; 素衣, 麑裘; 黃衣, 狐裘.
치의 고구 소의 예구 황의 호구

겨울 의상으로,
검은 솜누비 윗도리를 입으실 때에는
검은 털 염소가죽 바지를 껴입으셨고,
흰 솜누비 윗도리를 입으실 때에는
흰 털 고라니가죽 바지를 껴입으셨고,
누런 솜누비 윗도리를 입을 때에는
누런 털 여우가죽 바지를 껴입으셨다.

공자는 당대의 **베스트 드레서**였나 봅니다.
아래 위를 색깔 맞춰 입되, 소재를 달리해서 변화를 주고 있죠.
깔맞춤~

검은 옷에는 검은 털 염소가죽 바지를,
치 의 緇衣 (검은색)
고 구 羔裘 (염소 / 가죽옷)

흰 옷에는 흰 털 고라니가죽 바지를,
소 의 素衣 (흰)
예 구 麑裘 (고라니 새끼)

누런색 옷에는 누런 털 여우가죽 바지를 입어서 멋을 냈죠.
황 의 黃衣 (누런)
호 구 狐裘 (여우)

공자 시대의 의상의 수준은 요즈음에 비해도 결코 떨어지지 않았습니다.
장인의 손길로 한땀 한땀 바느질한 수제 맞춤복!

신축성 좋은 속옷이나 대량 생산이 불가능했던 점만 빼면, 고대인의 의상이 오히려 더 품질이 좋고 격조가 높았죠.

10-6E 褻裘長, 短右袂.
설구장 단우메

일상적으로 집에서 입는 가죽옷은 단을 길게 내렸고,
오른쪽 소매는 짧게 하셨다.

10-6F 必有寢衣, 長一身有半.
필유침의 장일신유반

반드시 잠옷이 따로 있었다.
잠옷은 몸길이보다 반이 더 길었다.

10-6G 狐貉之厚以居.
호 학 지 후 이 거

여우와 담비의 두꺼운 털가죽으로 방석을 삼으셨다.

주자는 '이거'를 집에서 입는 생활복으로 해석했지만

저는 청나라 염약거의 말대로 방석이라고 봅니다.

정현의 고주도 이런 맥락으로 볼 수 있습니다.

(방석이나 카페트) 위에서 손님을 접대했다.

10-6H 去喪, 無所不佩.
거 상 무 소 불 패

상(喪)중이 아니면 허리에 패옥을 차는 것을 빼먹은 적이 없으셨다.

고대 사람들은 허리띠에 장신구를 달고 다니기를 좋아했습니다.

패옥을 차면 걸음걸이나 행동이 절도 있고 당당해져야 하는데

상복에는 패옥을 차지 않았죠.

10-6I 非帷裳, 必殺之.
비유상 필쇄지

정식의 유상(주름)치마가 아닌 이상,
약식으로 가위질하여 허리를 좁게 만들어 입으셨다.

10-6J 羔裘玄冠不以弔.
고구현관불이조

검은 염소가죽옷을 입거나 검은 유건을 쓰고
조문하시는 법은 없었다.

10-6K 吉月, 必朝服而朝.
길월 필조복이조

매월 초하루에는 꼭 성대한 조복(朝服)의 위의(威儀)를 차리시고
조회에 나가셨다.

10-7A 齊, 必有明衣, 布.
재 필유명의 포

재계(齋戒) 기간 동안에는 반드시 명의(明衣)라는 특별 의상이
따로 있었다. 그것은 베로 만들었다.

10-8A 食不厭精, 膾不厭細.
사 불 염 정 회 불 염 세

밥은 도정(搗精)이 잘 된 흰 쌀밥을
싫어하지 않으셨으며,
날고기(육회, 생선회)는 가늘게 썬 것을
싫어하지 않으셨다.

공자는 흰 쌀밥을 좋아하셨고

회는 가늘게 썬 것을 좋아하셨는데

'불염'은 그것을 좋게 생각했다는 뜻이지, 남들에게 강요하는 뜻은 없습니다.

아무리 영양가 많은 좋은 음식도 모든 사람에게 다 좋을 수는 없으니까요.

지금의 중국인은 별로 육회를 즐기지 않지만, 공자 때는 육회가 중요한 음식이었죠.

이 장은 전체적으로 공자의 식생활에 관한 내용입니다.

10-8B

食饐而餲, 魚餒而肉敗, 不食.
사 의 이 애　어 뇌 이 육 패　불식

色惡不食, 臭惡不食. 失飪不食, 不時不食.
색 악 불식　취 악 불식　실 임 불식　불 시 불식

밥이 쉰 것이나 맛이 변한 것, 그리고 물고기가 상한 것,
육고기가 부패한 것은 잡수시지 않으셨다.
무엇이든지 음식의 색깔이 좋지 않거나 변한 것은 잡수시지 않으셨으며,
악취가 나는 음식은 드시지 않으셨다.
제대로 익히지 않은 것은 드시지 않으셨으며, 제철이 아닌 음식은 드시지 않으셨다.

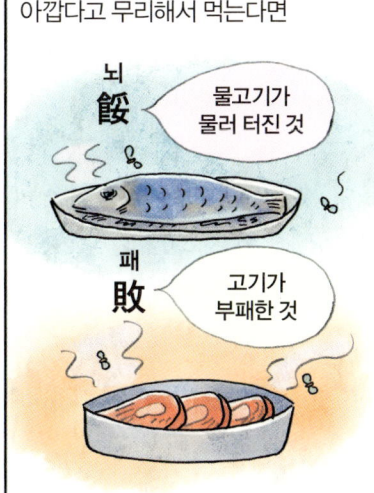

향당제십(鄕黨第十)

10-8C 割不正不食, 不得其醬不食.
할 부 정 불 식   부 득 기 장 불 식

바르게 자르지 않은 것은 드시지 않으셨다.
음식에 합당한 소스가 같이 있지 않으면 드시지 않으셨다.

10-8D 肉雖多, 不使勝食氣. 唯酒無量, 不及亂.
육 수 다 　불 사 승 사 기　 유 주 무 량　 불 급 란

고기가 아무리 많아도 밥 기운을 이기도록 많이 드시지는 않으셨다.
술은 일정량이라는 제한은 없었지만 절대 주정을 하거나
의식이 어지러워지는 데 이르지는 않으셨다.

향당제십(鄕黨第十)

10-8E 沽酒市脯, 不食.
고 주 시 포   불 식

시장에서 산 술과 육포를 드시지 않으셨다.

옛날에는 술도 집에서 담그는 게 일반적이었죠.

우리집표 술 맛!

집에서 만들지 않고 시장에서 사온 것은 절대 드시지 않으셨다는 이야기입니다.

깨끗하지 않을 수 있고…
무슨 고기인지 알 수도 없고…

고 주 沽酒 사온 술
시 포 市脯 시장의 육포

요즈음도 인스턴트 식품으로 식사하는 것은 건강식이 못됩니다.

합성 첨가물이 듬뿍~!

패스트 푸드   깡통식품   냉동식품

10-8F 不撤薑食.
불 철 강 식

평소에 생강 드시는 것을 거두지 않으셨다.

중국 사람들에게 '생강'은 가장 중요한 향신료 입니다.

강 薑 생강

맵고 향이 강하지만 재계 기간 동안에도 먹을 수 있다.

생강을 빼고는 중국 음식을 이야기할 수 없죠.

강재(薑齋)선생

그래서 생강 농사만 지어도 먹고살 수 있었지.

왕선산
1619-1692
명말청초의 유학자

한약재에도 대추(조棗)와 함께 반드시 생강이 들어갑니다.

강삼(3) 조이(2)

생강은 독이 없고, 모든 약재들의 기운을 소통시키고 해독하는 작용을 하죠.

10-8G 不多食.
부 다 식

평소 많이 드시지 않으셨다.

10-8H 祭於公, 不宿肉. 祭肉不出三日, 出三日, 不食之矣.
제 어 공 불 숙 육 제 육 불 출 삼 일 출 삼 일 불 식 지 의

나라에서 제사 지내고 받은 고기는 그날 밤을 넘기지 않고 주변에 나누어주셨다.
그러나 집에서 제사 지낸 고기는 사흘까지는 둘 수 있었다.
그러나 사흘을 넘기면 그것은 먹지 못한다.

향당제십(鄕黨第十)

10-8l 食不語, 寢不言.
식불어 침불언

식사를 하시면서 대화를 하시는 법이 없었으며,
잠자리에 드시면서 혼자 중얼거리는 습관이 없으셨다.

10-8J 雖疏食菜羹, 瓜祭, 必齊如也.
수 소 사 채 갱　과 제　필 제 여 야

공자께서는 비록 거친 밥이나 산나물국을 드실 때라도,
드시기 전에 반드시 제(祭)를 올리셨다.
제를 올리실 때는 엄숙하고 공경한 모습이셨다.

향당제십(鄕黨第十)

10-9 席不正, 不坐.
석부정 부좌

공자께서 착석하실 때에는 반드시 자리를 반듯하게 한 후에 앉으셨다.

공자 시대의 사람들은 땅바닥에 돗자리를 깔고

대나무 돗자리

연(筵) 보통 대나무를 엮어서 만든다

그 위에 다시 방석을 놓고 앉았습니다.

방석

석(席) 지푸라기, 부들, 억새, 고리, 대나무 등으로 만든다

그래서 '연석'이라는 말도 생겨났죠.

연석 : 임금과 신하가 (筵席) 묻고 대답하는 자리

제후 4장 사중석
대부 2장 이중석

신주는 '자리가 바르지 않으면 앉지 않으셨다'로 해석하는데,

자리가 비뚤어진 걸 보니 마음이 불편해. 앉지 않겠다!

그러나 임금과 대신들이 다 있는 자리에서 어찌 그럴 수 있습니까?

자리를 바르게 하지 않으면 앉지 않는다.

석 부 정 부 좌
席不正, 不坐

앞서도 말했듯이, 공자는 형식에 얽매이는 사람이 아닙니다.

뜻을 분명하게 나타내기 위해 부정을 긍정으로 바꾸어 번역했습니다.

석 정 좌
席正, 坐

10-10A 鄉人飲酒, 杖者出, 斯出矣.
향인음주 장자출 사출의

향당에서 향음주례가 파하고 퇴장을 할 때에
큰 지팡이를 짚은 노인이 먼저 일어나 나가면
그제야 그 뒤를 따라 나가셨다.

10-10B 鄉人儺, 朝服而立於阼階.
향인나 조복이립어조계

향인(鄉人)들이 동네에서 액막이굿을 할 때에는
공자께서는 성대한 조복 차림으로 동네 공관 뜨락의
동쪽 섬돌에 서 계셨다.

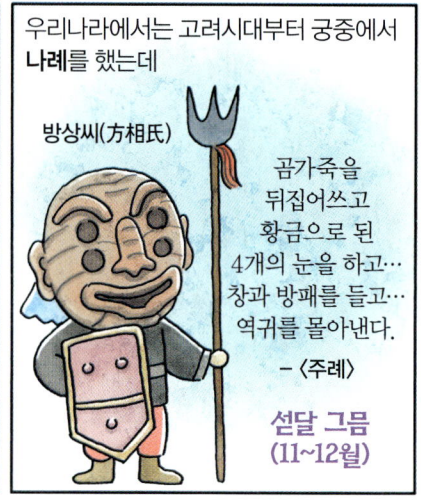
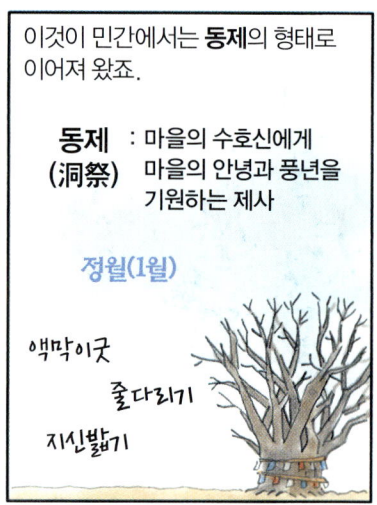

10-11A 問人於他邦, 再拜而送之.
문 인 어 타 방   재 배 이 송 지

사람을 다른 나라에 보내어 그곳에 있는
붕우의 안부를 물을 때에는,
그 떠나는 사자에게 두 번이나 절하고 보내셨다.

10-11B 康子饋藥, 拜而受之. 曰: "丘未達, 不敢嘗."
강자궤약 배이수지 왈 구미달 불감상

노나라의 실권자 계강자가 공자에게 약을 보내왔다.
공자는 그것을 절하고 정중하게 받아들였다.
그러나 솔직히 말씀하셨다.

"제가 이 약의 성분을 알지 못하기 때문에
감히 먹을 수는 없습니다."

계강자는 공자를 노나라로 돌아오게 해준 고마운 권력자이고

귀로(歸魯)

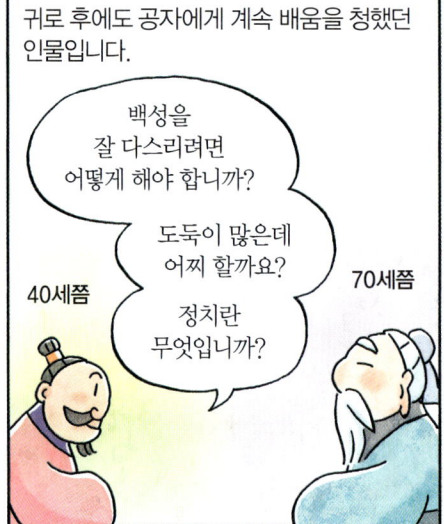

귀로 후에도 공자에게 계속 배움을 청했던 인물입니다.

백성을 잘 다스리려면 어떻게 해야 합니까?
도둑이 많은데 어찌 할까요?
정치란 무엇입니까?

40세쯤   70세쯤

그런 계강자가 약을 보냈기에 예의 있게 절하고 받긴 했지만

궤 약
饋藥
보내다

아무리 몸에 좋은 약이라고 해도 성분을 모르는 약은 함부로 먹지 말아야 하죠.

불 감 상
不敢嘗
먹어 보다

성분과 제조 과정도 모른 채 덥석 먹을 수는 없다!

요즈음도 탕약은 자신이 직접 달여서 먹는 것이 좋습니다.

처방은 한의사에게!

스테인리스 주전자에 한 시간 정도 작은 불로 끓인 다음 (약재마다 시간은 다양)

따라 마셔도 비닐봉지 탕약보다 효능이 훨씬 좋다

너무도 솔직하고 멋있는 공자의 태도입니다.

지금도 권력자가 보내온 약에 대해 이렇게 말할 수 있는 사람이 몇 명이나 될까요?

10-12 廐焚. 子退朝, 曰: "傷人乎?" 不問馬.
　　　　구 분　　자 퇴 조　왈　　상 인 호　　　불 문 마

공자의 집안 마구간에 불이 났다.
공자께서 조정에서 돌아오시어 이를 아시고 말씀하셨다.

"사람이 상했느냐?"

그리고 말(馬)에 대해서는 묻지 않으셨다.

이것은 공자의 생애에서 실제로 일어났던 일일 가능성이 높습니다.

대사구로서 출퇴근하던 시절

당시는 말이 자가용이었을 뿐만 아니라 전쟁 때는 전차도 끌어야 했기 때문에 매우 소중한 재산이었는데도

구
廐　마구간

공자는 사람만 챙기고 말은 묻지도 않았다고 하네요.

사람이 다쳤느냐?

옛날 우리 어머님들도 어떤 사고가 있을 때 사람의 일만 묻고 물건에 대해선 묻지 않으셨죠.

다치지 않았니?

쩌엉 그랑

말을 사랑하지 않은 것이 아니라, 사람이 다쳤을까 두려워하는 뜻이 다급하여 말에 대해서는 물어볼 틈도 없었다. 대저 사람을 귀하게 여기고 가축을 낮게 여기는 것은, 그 도리가 마땅히 이와 같다.
－〈주자집주〉

공자의 휴머니즘 정신을 잘 보여주는 유명한 장입니다.

동방의 문화는 이토록 점잖고 사려 깊은 인간 존중의 문화였습니다.

그 어떤 것도 사람의 목숨과 안전보다 우선시될 수는 없죠.

10-13A 君賜食, 必正席先嘗之. 君賜腥, 必熟而薦之.
군 사 식 필 정 석 선 상 지　　군 사 성　필 숙 이 천 지

君賜生, 必畜之.
군 사 생　필 축 지

임금께서 요리된 음식을 보내주시면, 반드시 자리를 바르게 하고 앉아서 본인이 먼저 조금씩 맛을 보셨다.
임금께서 날고기를 보내주시면, 반드시 익혀서 조상 제단에 바치셨다.
임금께서 산 짐승을 보내주시면, 반드시 집에서 기르셨다.

임금이 무언가를 보내셨을 때 공자의 태도를 보여주고 있습니다.

요리된 음식이 왔을 경우엔 반드시 먼저 맛을 보았죠.

먼저 먹어본 음식은 사당으로 가져갈 수 없으므로 집안 식구들에게 나누어 줍니다.

날고기가 오면 잘 익혀서 사당의 선조들에게 먼저 드렸고

산 짐승을 보내주시면 감히 죽이지 않고 집에서 길렀죠.

음식물이 풍성한 요즈음엔 남은 제사 음식을 같이 나누어 먹는 게 이해되지 않을 수도 있습니다.

그러나 굶는 것이 흔했던 시절, 어디선가 먹을 것이 오고, 그것을 나누어 먹는 것은 이루 말할 수 없는 기쁨이었죠.

10-13B 侍食於君, 君祭, 先飯.
시 식 어 군 군 제 선 반

임금을 뫼시고 식사를 한자리에서 하실 때에는,
임금께서 제(祭)를 올리기 시작하면
곧 임금보다 먼저 밥숟갈을 뜨셨다.

향당제십(鄕黨第十)

10-13C 疾, 君視之, 東首, 加朝服拖紳.
질 군시지 동수 가조복타신

공자께서 편찮으셨다. 임금께서 병문안을 오셨다.
이때 공자는 머리를 동쪽으로 향하게 하고 누우셨고, 평상복으로 뵐 수 없으므로
조복을 그 위에 얹었고 그리고 또 큰 허리띠(각대)를 걸쳐 놓으셨다.

10-13D 君命召, 不俟駕行矣.
군 명 소   불 사 가 행 의

임금께서 명하여 부르시면,
말에 마구를 채우는 것을 기다리지 않으시고, 그냥 앞서 걸어 나가셨다.

10-14 入太廟, 每事問.
입태묘 매사문

공자께서 태묘에 들어가 제사가 진행됨에 매사를 물으셨다.

노나라 자존심의 최고 상징인 태묘에서

태묘(太廟) : 주공(周公)의 사당

예에 밝기로 소문난 공자가 매사를 물었다는 충격적인 장면은 [팔일]편에도 이미 나왔었죠.

"예는 고정된 것이 아니므로"

"묻고 또 묻는 것이 예니라."

"우리가 배우고 또 배워도 모자라는 공자의 위대한 모습입니다."

10-15A 朋友死, 無所歸, 曰: "於我殯."
붕우사 무소귀 왈 어아빈

붕우가 죽었는데 돌아갈 곳이 없는 외로운 사람이었다. 공자께서 말씀하셨다.

"우리 집에 빈소를 차려주어라."

'빈'은 옛날 초분의 습관이 발전된 것으로,

빈(殯) : 장례를 치르기 전에 임시로 관을 보관하는 일

초분 : 풀이나 짚으로 시신을 덮어두었던 장례 방식

신분에 따라 차이가 있으나 최소한 한 달 이상이 걸리는 과정이라 그리 쉬운 일이 아니었죠.

장사 지내기 전까지 집 근처에 두고 관리

따라서 붕우에 대한 공자의 배려는 보통 사람이 쉽게 내릴 수 있는 결정은 아니었습니다.

붕우(朋友)

친구이자 제자, '학'을 위해 뜻을 같이하는 사람들

10-15B 朋友之饋, 雖車馬, 非祭肉, 不拜.
붕우지궤 수거마 비제육 불배

붕우의 선물은 제아무리 수레와 말과 같은 훌륭한 물건이라 할지라도, 제사 지낸 고기를 보내온 경우를 제외하고는, 절하고 받지는 않으셨다.

지금은 개인주의가 당연하게 여겨지지만, 제가 어렸을 때만 해도

친구지간에 물건을 공유하는 일이 많았죠.

자로나 공자의 이야기에도 그런 분위기가 엿보입니다.

– [공야장] 25

원래 친구지간에는 수레를 선물해도,

요새로 치면 자동차를 선물해도 특별히 다른 감사의 표현이 필요 없었던 거죠.

그러나 제사고기는 절을 하고 나서 받았습니다.

10-16A 寢不尸, 居不容.
침불시 거불용

잠잘 때는 시체처럼 대(大)자로 뻗어 주무시는 법이 없었으며,
사적으로 집에서 거하실 때는 일체 용태를 꾸미는 법이 없었다.

반듯이 배를 위로 향하고 눕는 것을 '강시' 같다고 표현했습니다.

시(尸) = 강시(殭屍)
(굳어 있는 시체)

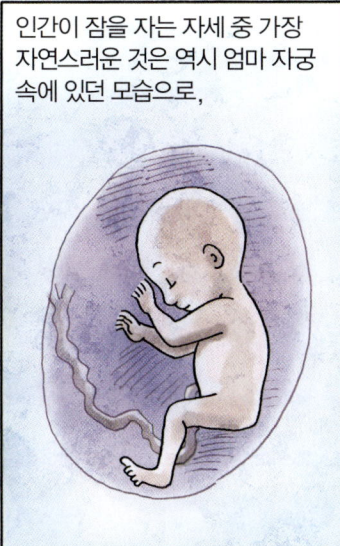

인간이 잠을 자는 자세 중 가장 자연스러운 것은 역시 엄마 자궁 속에 있던 모습으로,

몸을 옆으로 세우고 다리는 구부리고 자는 것이 가장 좋죠.

곡 굉 이 침 지
曲肱而枕之

팔을 굽혀 베개삼는다.
- [술이] 15

덧붙이면, 스프링 침대는 결코 과학이 될 수 없습니다.

부부는 꼭 한 침대에서 자야 한다?

딱딱한 평상이나 온돌방이야말로 영원한 과학이죠.

혼자서 마음대로 움직이면서 자는 게 좋다…

평상 침대

'거'는 편하게 집에 머물 때를 말합니다.

거 불 용
居不容

격식을 차린 모습

신신 申申
요요 夭夭

자연인이자 해탈인이었던 공자는 개인적으로 편하게 있을 때는 몸과 마음이 꾸임이 없었죠.

10-16B 見齊衰者, 雖狎, 必變. 見冕者與瞽者, 雖褻, 必以貌.
견자최자 수압 필변 견면자여고자 수설 필이모

공자께서는 거친 상복을 입은 자를 보시면
가까운 사이라도 표정을 가다듬어 슬픔을 표시하셨다.
사모관대를 제대로 갖춘 사람과 눈먼 사람을 보시면
비록 자주 만나는 허물없는 사이라도
용모를 가지런히 다듬으셨다.

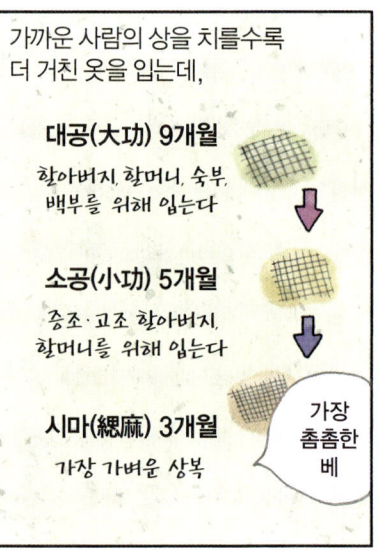

10-16C 凶服者式之. 式負版者.
흉 복 자 식 지　 식 부 판 자

수레를 타고 가실 때 복상중에 있는 사람들을 만나게 되면
수레 앞쪽에 있는 가로막대 식(軾)을 잡고 허리를 굽혀 절하셨다.
죽은 자의 물건들을 짊어지고 가는 자에게도
식을 잡고 허리를 굽혀 절하셨다.

공자 시대의 수레에는 서서 가는 전차 스타일도 있었는데,

덜컹거리고 쓰러지기 쉬우니까 수레 앞쪽에 가로로 붙잡을 수 있는 나무가 있었죠.

그 식(軾)을 잡으면 허리가 구부러지는데, 그렇게 하는 인사를 식(式)이라고 했습니다.

그리고 '부판'의 해석이 문제가 되는데,

負版 부판 / 널빤지 / 짐을 지다

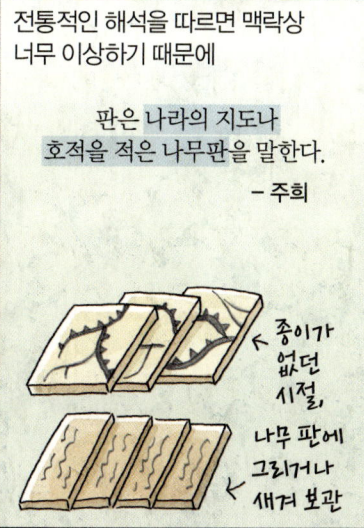

전통적인 해석을 따르면 맥락상 너무 이상하기 때문에

판은 나라의 지도나 호적을 적은 나무판을 말한다.
— 주희

종이가 없던 시절, 나무 판에 그리거나 새겨 보관

저는 청나라 학자 유보남의 설을 따랐습니다.

판은 죽은 자의 옷과 물건을 넣은 상자를 말한다.
— 유보남

대공　소공　시마

여기서 '흉복'은 대공 이하 가벼운 상복을 말하죠.

향당제십(鄕黨第十)

10-16D 有盛饌, 必變色而作.
유 성 찬   필 변 색 이 작

성찬(盛饌)을 대접받으실 때에는, 반드시 얼굴빛을 가다듬고 일어나 성찬을 대접한 주인에게 절하셨다.

10-16E 迅雷風烈必變.
신 뢰 풍 렬 필 변

번개와 우레, 맹렬한 바람이 일면 반드시 표정과 몸매를 가다듬으셨다.

10-17 升車, 必正立, 執綏. 車中, 不內顧, 不疾言, 不親指.
승거 필정립 집수 거중 불내고 부질언 불친지

수레에 오르실 때에는 반듯하게 서서
수레지붕으로부터 내려와 있는 끈을 잡고 오르셨다.
수레 안에서는 공연히 뒤돌아보지 않으셨으며,
큰소리로 빠르게 뭔 일이 있는 것처럼 말씀하지 않으셨으며,
손가락질을 하지 않으셨다.

당시의 수레는 커다란 바퀴의 중심축 위로 있었기 때문에 상당히 높았습니다.

그래서 수레에 오를 때에는 줄을 잡고 올라갔죠.

수綏 / 수레 손잡이 줄 / 받침대

공자는 수레에 오른 뒤, 여기저기 돌아보거나,

불내고 不內顧 / 뒤를 돌아봄

빠른 말투로 크게 말하거나

부질언 不疾言 / 빠른 말투

우회전! 아니, 좌회전!

손가락질을 하지 않으셨죠.

불친지 不親指 / 가리키다

저것 좀 봐라!

공자가 수레를 이용하실 때의 모습을 기록한 장입니다.

당시의 대표적 교통수단이었던 수레를 이용할 때 지켜야 하는 기본적인 매너를 보여주고 있습니다.

10-18 色斯擧矣, 翔而後集. 曰 : "山梁雌雉, 時哉時哉!"
색 사 거 의   상 이 후 집   왈   산 량 자 치   시 재 시 재

새는 뭔가 위험스러운 기색이 느껴지면 튀쳐오른다.
그리고 하늘에서 빙빙 돌다가 나뭇가지 위에 사뿐히 올라앉는다.
공자께서 이런 광경을 보시고 시 구절을 읊으셨다:

"저 깊은 산 외나무다리에 앉은 까투리야!
좋을 때로다! 좋을 때로다!"

子路共之, 三嗅而作.
자 로 공 지   삼 후 이 작

자로가 이 노래를 잘못 알아듣고
까투리를 잡아 요리를 하여 바쳤다.
공자께서 세 번 냄새만 맡으시고는 일어나셨다.

어떤 새든 조금만 다른 기색이 있으면 날고 봅니다.

색 사 거
色斯擧
기색 곧 날아가다

푸드덕

그리고 하늘을 빙빙 돌면서 잘 관찰하다가, 위험 요소가 없으면 나뭇가지 위에 올라 앉죠.

상 이 후 집
翔而後集
빙 돌며 나는 것 / 이르다, 머무르다

여기 **집(集)**이라는 글자는 원래 여러 마리의 새들이 나뭇가지 위에 앉은 모습을 그린 회의자 입니다.

몸집이 작은 새

새 추(隹)
+
나무 목(木)
=
집(集)

*회의자(會意字) : 둘 이상의 한자를 뜻으로 결합시켜 만든 글자

선진제십일(先進第十一)

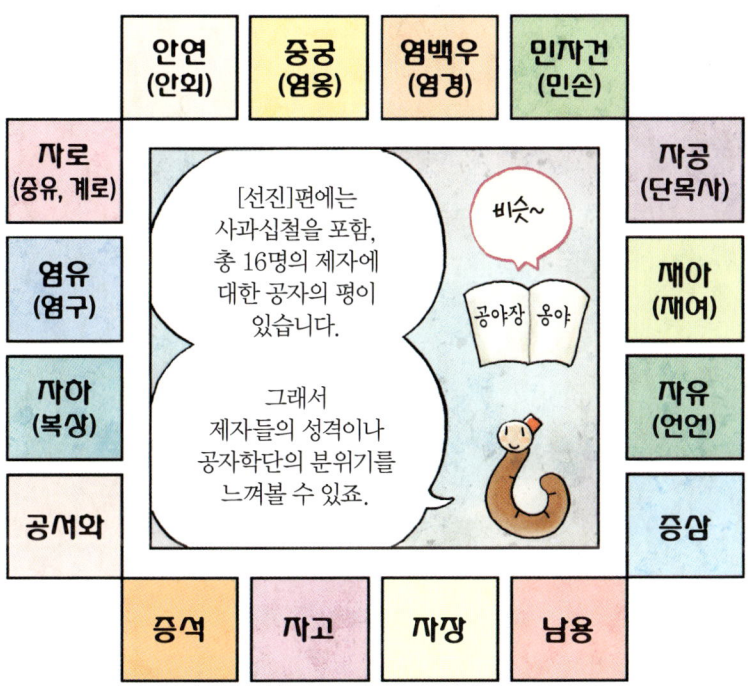

11-1 子曰: "先進於禮樂, 野人也; 後進於禮樂, 君子也.
자왈   선진어예악   야인야   후진어예악   군자야

如用之, 則吾從先進."
여용지   즉오종선진

공자께서 말씀하셨다.

"내 밑에서 공부한 자는 크게 선배동아리와 후배동아리로 나뉜다.
예악에 먼저 나아간 선배동아리는 지금 보아도 촌스럽다.
그런데 예악에 뒤늦게 나아간 후배동아리는 썩 군자다웁다.
그러나 이들 간에 누구를 선택하라 한다면,
나는 예악에 먼저 나아간 촌스러운 자들을 따르겠다."

참으로 존경스러운 공자의 말씀입니다.

공자의 제자 중 **선진** 그룹은 공자와 함께 고난의 유랑 생활을 경험한 인물들이고

선진 先進

염백우, 중궁, 원헌, 자고, 공서화…

자로, 안연, 염유, 재아, 자공, 민자건

후진 그룹은 귀로 후 공자학단에 들어와 제대로 수업을 받은 제자들을 말하죠.

후진 後進

유약, 칠조개, 담대멸명…

자유, 자하, 자장, 증삼, 번지

야는 성 밖의 들판의 세계입니다.

야(野)

성 내에는 국인이 살고, 성 밖에는 야인이 사는데

야인 (野人)
카오스 : 무질서의 세계

국인 (國人)
코스모스 : 질서의 세계

야인은 들판에서 자기 운명을 스스로 개척해야 합니다.

11-2 子曰:"從我於陳、蔡者, 皆不及門也." 德行: 顔淵、閔子騫、冉伯牛、
자왈 　종아어진　채자　개불급문야　덕행　안연　민자건　염백우

仲弓. 言語: 宰我、子貢. 政事: 冉有、季路. 文學: 子游、子夏.
중궁　언어　재아　자공　정사　염유　계로　문학　자유　자하

공자께서 말씀하셨다. "진(陳)나라와 채(蔡)나라에서 나의 고난에 동참했던 제자들은 애석하게도 모두 취직할 기회를 잃고 말았다."

덕행(德行)에는 안연·민자건·염백우·중궁이 손꼽히고,
언어(言語)에는 재아·자공이 손꼽히고, 정사(政事)에는
염유·계로가 손꼽히며, 문학(文學)에는 자유·자하가 손꼽히노라.

11-3 子曰:"回也, 非助我者也! 於吾言, 無所不說!"
자왈 회야 비조아자야 어오언 무소불열

공자께서 말씀하셨다.

"사랑하는 안회여!
그대는 나를 도와주는 사람이 아니로다!
내 말에 기뻐하지 아니하는 적이 없으니!"

이것은 안회를 꾸짖는 말이 아니라 크게 칭찬하는 말입니다.

비조아
非助我
도와주다

베리굿~
엑설런트!

본래 의문이 있어야 학문이 새로 자라나는 법인데,

교학상장(敎學相長)
: 가르치는 과정을 통해 선생과 학생이 함께 발전한다.

교학상장을 좀 도와다오~

죄송해요~

안회는 혼자서 묵묵히 깨닫고 이해했기 때문에 질문이 없었던 거죠.

질문이 없어 바보인 줄 알았더니…

안회는 결코 어리석지 않도다!

- [위정] 9

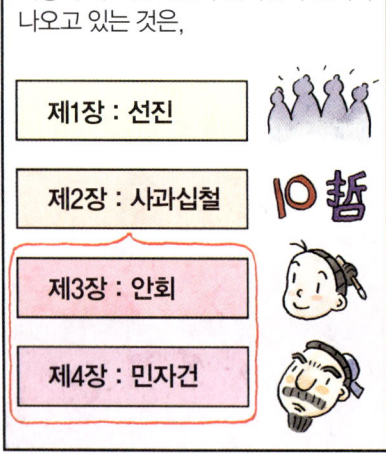

제2장에 사과십철이 소개된 뒤에 덕행의 대표인 안연과 민자건이 연이어 나오고 있는 것은,

제1장 : 선진
제2장 : 사과십철
제3장 : 안회
제4장 : 민자건

3, 4장이 2장에 대한 부록의 성격을 지니고 있음을 알 수 있죠.

일부러 그렇게 배치해놓았죠.

〈논어〉 편집자

한 인간을 칭찬하는 데 이렇게 멋지게 표현하는 옛사람들의 말솜씨와 포근한 정감에 감탄하게 됩니다.

칭찬도 고급스럽게~

11-4 子曰:"孝哉! 閔子騫. 人不間於其父母昆弟之言."
자왈 효재 민자건 인불간어기부모곤제지언

공자께서 말씀하셨다. "참말로 효성스럽구나! 민자건(閔子騫)이여! 외간 사람들이 그 부모·형제 집안사람들이 그를 칭찬하는 말에 조금도 트집을 잡지 못하다니!"

민자건은 안회와 더불어 덕행으로 꼽힌, 점잖은 사람입니다.

안회보다 15살 연상이죠.

어려서부터 계모의 괴롭힘을 받고 컸지만 효심이나 인간에 대한 애정을 잃지 않았는데

어머니가 계시면 저 혼자 외로울 뿐이지만, 어머니가 떠나시면 동생들이 굶습니다.

– [옹야] 7의 해석 중

가까운 집안사람들에게 인정을 받는 것처럼 어려운 일은 없죠.

불간 부모곤제지언
不間 父母昆弟之言

불평하다, 트집잡다 / 형 동생

인정~

11-5 南容三復白圭, 孔子以其兄之子妻之.
남용삼복백규 공자이기형지자처지

남용이 [백규白圭]라는 시를 하루에도 여러 번 반복해서 외웠다. 그 시가 그 인품에 젖었다. 공자께서 형님의 딸을 그에게 시집보내셨다.

'백규'라는 시는 지금의 〈시경〉에서 찾아볼 수 있습니다.

억(抑)

백규 지점 白圭之玷	백규 옥의 티는
상 가 마 야 尙可磨也	그래도 갈아 없앨 수 있지만
사 언 지 점 斯言之玷	일상적 말의 티는
불 가 위 야 不可爲也	갈아 없앨 수 없어라.

남용은 공자의 조카사위가 되었는데,

말을 삼가는 점이 마음에 든다.

나라의 도가 있으면 버려지지 않을 것이고, 나라에 도가 없더라도 형벌은 면할 인물이다.

[공야장] 1B장의 해석에 나왔던 내용이기도 합니다.

삼 복
三復 / 반복하다

'삼복'은 꼭 세 번이 아니라 자주 외워 그 의미가 몸에 배는 것을 말하죠.

11-6 季康子問:"弟子孰爲好學?"
계강자문   제자숙위호학

孔子對曰:"有顔回者好學, 不幸短命死矣. 今也則亡."
공자대왈   유안회자호학   불행단명사의   금야즉무

계강자(季康子)가 물었다.

"제자 중에서 누가 배우기를 좋아합니까?"

공자께서 대답하여 말씀하셨다.

"안회라는 아이가 있었는데, 배우기를 너무도 좋아했지요. 그런데 불행하게도 명이 짧아 죽었습니다. 지금은 이 세상에 없습니다."

11-7 顔淵死, 顔路請子之車以爲之槨.
안 연 사   안 로 청 자 지 거 이 위 지 곽

안연이 죽었다.
그 아버지 안로(顔路)가 공자의 수레를 팔아
관 밖의 화려한 외곽을 만들어주실 것을 청하였다.

子曰: "才不才, 亦各言其子也. 鯉也死, 有棺而無槨.
자 왈   재 부 재   역 각 언 기 자 야   리 야 사   유 관 이 무 곽

吾不徒行以爲之槨. 以吾從大夫之後, 不可徒行也."
오 부 도 행 이 위 지 곽   이 오 종 대 부 지 후   불 가 도 행 야

이에 공자께서 말씀하셨다.

"잘난 자식이든 못난 자식이든,
각기 그 부모에게는 다 귀한 자식일 뿐이다.
나는 내 아들 리(鯉)가 죽었을 때 관은 만들어주었으나
외곽은 만들어주지 못했다. 그냥 도보로 걸어다닐 생각을 하고서
내 아들에게 곽을 만들어줄 수는 없었던 것이다.
나는 그래도 대부들과 같이 다니는 사람,
어찌 수레 없이 걸어다닐 생각을 하고 네 아들 곽을 만들어주겠느냐?"

안 연 사
顔淵死

안회의 죽음은 공자에게 지극한 슬픔을 안겨준 사건이었죠.

커다란 정신적 충격 속에서도 한 치의 상식도 양보하지 않는 공자의 모습이 놀라울 따름입니다.

선진제십일(先進第十一)

11-8 顔淵死, 子曰: "噫! 天喪予! 天喪予!"
안 연 사　자 왈　희　천 상 여　천 상 여

안연이 죽자, 공자는 울부짖었다.

"아~! 하늘이 나를 버리셨구나!
아~! 하늘이 나를 버리셨구나!"

가장 신뢰하던 제자의 죽음은

안 연 사
顔淵死

공자에게 더 없는 슬픔과 절망과 상실감을 안겨주었습니다.

희 噫

상심하고 애통해하는 소리

신을 믿지 않고 오직 **사문**을 믿었던 공자는

사문
斯文
= 인문 전통
= 역사의 신
(God of History)

이 사문을 가장 정확하게 후대에 전해줄 제자를 잃자

역사의 붕괴
하늘의 붕괴

하늘이 무너지고

커다란 절망감을 느꼈죠.

땅이 꺼지는구나…

우르릉

노년의 공자에게 안회는 공자의 미래이자 모든 것이었으니까요.

사문의 연결고리

선진제십일(先進第十一)

11-9 顏淵死, 子哭之慟. 從者曰: "子慟矣!"
안연사 자곡지통 종자왈 자통의

안연이 죽자, 공자께서는 그의 집으로 가서 곡을 하셨다.
그러나 곡을 하시다 못해 흐느껴 우셨다.
이때 따라간 제자들이 수군거렸다.

"우리 선생님께서 진짜 흐느껴 우신다."

曰: "有慟乎? 非夫人之爲慟而誰爲?"
왈 유통호 비부인지위통이수위

이 말을 들은 공자는 말씀하셨다.

"그랬는가? 내가 정말로 흐느껴 울었느냐?
아서라, 내 저 사람을 위해 흐느끼지 않는다면
누굴 위해 흐느끼리오!"

통은 상례(喪禮)와 관련하여 다른 고전에서는 쓰인 예가 없는, 〈논어〉에서만 볼 수 있는 표현입니다.

곡(哭) : 형식적인 곡

공자가 북받치는 감정을 이기지 못하고 그냥 마음 놓고 울어버린 것이죠.

통(慟) : 서럽게 울다

더없는 감동을 전하는 공자의 말씀이고,

모든 것을 내려놓은 공자의 인간적인 모습입니다.

선진제십일(先進第十一)

11-10 顔淵死, 門人欲厚葬之. 子曰: "不可." 門人厚葬之.
안 연 사 문 인 욕 후 장 지 자 왈 불 가 문 인 후 장 지

안연이 죽었다.
공자의 문인들이 그의 장례를 후하게 치르기를 원했다.
공자께서 말씀하셨다.

"안 된다."

그런데 문인들이 후하게 치르고 말았다.

子曰: "回也, 視予猶父也, 予不得視猶子也.
자 왈 회 야 시 여 유 부 야 여 부 득 시 유 자 야

非我也, 夫二三子也."
비 아 야 부 이 삼 자 야

공자께서 말씀하셨다.

"안회는 말이다, 날 보기를 아버지처럼 대했는데,
나는 그를 자식처럼 소담(素淡)하게 대해주지 못했구나.
이건 내 잘못이 아니로다. 진실로 너희들이 잘못한 것이로다."

놀랍게도 7장부터 10장까지 같은 문장으로 시작되고 있습니다.

7장	안 연 사 顔淵死…
8장	안 연 사 顔淵死…
9장	안 연 사 顔淵死…
10장	안 연 사 顔淵死…

안연의 죽음을 둘러싼 이야기를 모아 놓고 시작의 첫머리를 통일한 거죠.

후 장 厚葬 — 정성스럽고 성대하게 치르는 장례

중국인들의 후장 습관은 예나 지금이나 떠들썩하죠.

저의 대만 유학 시절, 기숙사 창밖으로 지나가던 장례 행렬도 대단했습니다.

11-11 季路問事鬼神. 子曰: "未能事人, 焉能事鬼?"
계 로 문 사 귀 신　자 왈　　미 능 사 인　언 능 사 귀

계로(季路: 자로)가 귀신(鬼神)을 섬기는 것에 관하여 여쭈었다.
이에 공자께서 말씀하셨다.

"아직 사람도 제대로 섬기지 못하면서,
어찌 귀신을 섬길 수 있단 말인가?"

曰: "敢問死." 曰: "未知生, 焉知死?"
왈　감 문 사　　왈　　미 지 생　언 지 사

이에 우직한 계로가 다시 여쭈었다.

"그럼 이번에는 감히 죽음에 관하여
여쭙고자 하옵니다."

공자께서 말씀하셨다.

"아직 삶을 모르면서 어찌
죽음을 알겠느냐?"

자로의 질문은 유교가 단순한 윤리의 체계가 아니라,

21세기 인류의 새로운 종교가 될 수 있는 가능성을 보여주고 있습니다.

따져보면 유교는 지극히 종교적인 철학이죠.

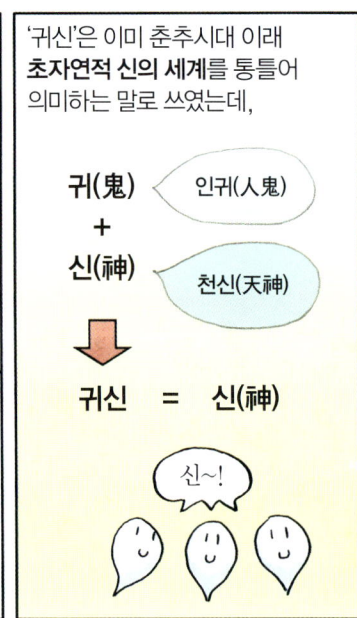

'귀신'은 이미 춘추시대 이래 **초자연적 신의 세계**를 통틀어 의미하는 말로 쓰였는데,

귀(鬼) ― 인귀(人鬼)
+
신(神) ― 천신(天神)

⬇

귀신 = 신(神)

신~!

다신론에서 출발한 유일신이 아닌 새로운 하느님의 가능성은 이제 범신론밖에는 없죠.

신중의 신

유일신

신(神) = 자연(自然)

범신론(汎神論)

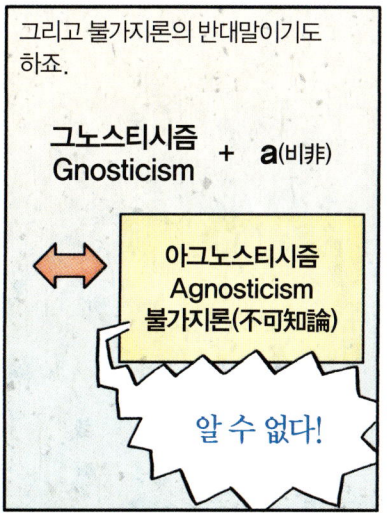

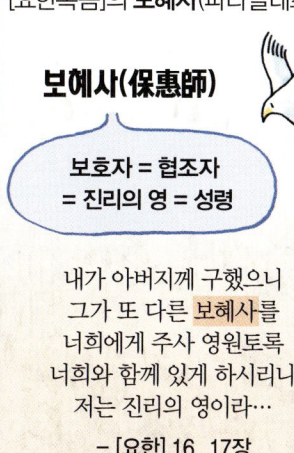

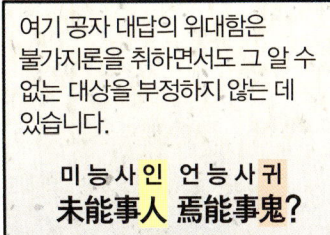

11-12 閔子侍側, 誾誾如也; 子路, 行行如也;
민자시측   은은여야   자로   항항여야

冉有 · 子貢, 侃侃如也. 子樂.
염유   자공   간간여야   자락

제자들이 공자를 옆에서 모시는데 민자건은 그 모습이 은은하였고, 자로는 그 모습이 강건하였고, 염유와 자공은 그 모습이 반듯하였다. 이들이 옆에 있을 때 공자는 마냥 즐거운 표정을 지으셨다.

"若由也, 不得其死然."
약유야   부득기사연

그러나 강직하기만 한 자로의 모습을 보시고는 이렇게 말씀하셨다.

"자로야! 너는 온당한 죽음을 얻지 못할 듯하구나!"

공자학단의 화목한 모습이 펼쳐지는 가운데

평화로운   반듯한
은은   간간
誾誾   侃侃

화평하고 바른 모습

자로의 죽음의 그림자를 쳐다보고 있는 공자의 육감이 서려 있는 장면이죠.

'강직하다'의 뜻일 때 '항'으로 읽음

항 항
行行

공자가 자로에 대해 평하는 것을 자로에게 직접 말하는 것으로 바꾸어 번역했습니다.

같다
약유야   부득기사연
若由也   不得其死然

유는 자연스러운 죽음을 얻지 못할 것 같다.

괴외의 난에서 불의의 죽음을 당한 자로

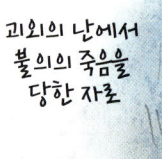

- 〈만화논어 1권〉

11-13 魯人爲長府. 閔子騫曰: "仍舊貫, 如之何? 何必改作?"
노인위장부 민자건왈   잉구관   여지하   하필개작

노나라의 사람들이 장부(長府)라는 큰 재물 창고를 새로 지었다.
민자건이 말하였다.

"옛 관습대로 따라 한다고 뎟날 일이 있겠는가?
새로 지을 필요가 어디에 있는가?

子曰: "夫人不言, 言必有中."
자왈   부인불언   언필유중

공자께서 말씀하셨다.

"저 사람은 평소 말을 하지 않을지언정,
말을 하면 반드시 사리에 들어맞는다."

장부는 창고의 이름인데

爲長府 — 재화를 저장해 두는 곳
위 장 부

고쳐서 신축하다

仍舊貫 — 그대로 따르다 / 일(事)
잉 구 관

주희는 당시 정치적 반대자였던 왕안석의 말을 인용하는, 유연한 학문적 태도를 보이고 있습니다.

고쳐 새로 짓는 것은 백성을 수고롭게 하고 재물을 손상시킨다. … 옛 관례를 그대로 따르는 것이 좋다.
— 왕안석

왕안석
1021–1086,
송나라의
개혁 정치가, 학자

읍재로 삼겠다는 계씨의 초청도 거절했던 민자건.

자네 혹시?

자꾸 이러면 문수에 확 빠질 테야
— [옹야] 7

민자건은 전통을 사랑하는 검약한 성격의 사람이었죠.

우리도~

선진제십일(先進第十一)

11-14 子曰:"由之瑟, 奚爲於丘之門?"
자왈 유지슬 해위어구지문

공자께서 자로가 현악기 슬을 연주하는 것을 듣고 말씀하셨다.

"유(由: 자로)가 슬(瑟)을 타는구나! 어찌 굳이 내 집 안에서 뜯을 필요가 있겠나?"

門人不敬子路. 子曰:"由也升堂矣, 未入於室也."
문인불경자로 자왈 유야승당의 미입어실야

문인들이 공자 말씀을 듣고 자로를 공경하지 않자, 공자께서 말씀하셨다.

"아서라! 유(由)는 높은 당(堂) 위에 당당히 오른 사람이요, 저 깊은 내실(內室)에만 아직 발을 디밀지 못했을 뿐이다."

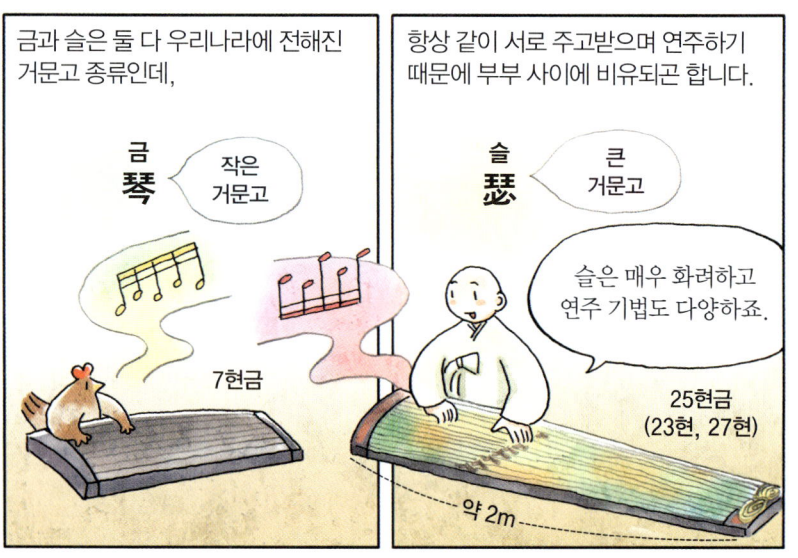

11-15 子貢問:"師與商也孰賢?" 子曰:"師也過, 商也不及."
자공문 사여상야숙현 자왈 사야과 상야불급

자공이 공자께 여쭈었다.

"사(師: 자장子張)와 상(商: 자하子夏)을 비교한다면 누가 더 훌륭합니까?"

공자께서 이에 말씀하셨다.

"사(師)는 과(過)하고, 상(商)은 불급(不及)하다."

曰:"然則師愈與?" 子曰:"過猶不及."
왈 연즉사유여 자왈 과유불급

그러자 자공이 말했다.

"그렇다면 사(자장)가 더 낫겠군요?"

공자께서 말씀하셨다.

"과한 것이 불급한 것보다 더 나을 것은 없다."

자공은 사람을 비교해보는 습관이 있었습니다.

자공은 사람을 비교해서 평하는 것을 즐겼다.

헌문 31

선진(先進)이었던 대선배 자공은 후진(後進)에 대한 공자의 평가가 궁금했던 거죠.

제 후배 사(師)와 상(商) 중에 누가 더 낫습니까?

사(師)는 자장을 말하는데

자장(子張)

이름 : 전손사 (顓孫師)

진(陳)나라 출신

공자보다 48세 연하

자하와 나살 차이 '동안'

선진제십일(先進第十一)

11-16 季氏富於周公, 而求也爲之聚斂而附益之.
계씨부어주공 이구야위지취렴이부익지

子曰: "非吾徒也. 小子鳴鼓而攻之, 可也."
자왈 비오도야 소자명고이공지 가야

계씨는 주공(周公)보다도 부유한데도, 염구는 계씨를 위해
불쌍한 백성들에게서 세금을 쥐어 짜내어 계씨의 재산을 늘려주었다.
공자께서 말씀하셨다.

"저놈은 우리의 무리가 아니로다!
아해들아! 북을 울려라! 저놈을 공격함이 옳다!"

염구는 공자와 고난의 행군을 함께한 제자이고

공자에게 의리를 저버린 적도 없으며

뛰어난 공무원형의 인간이었기 때문에 어딜 가든지 그 상황에 맞게

충실하게 자신이 맡은 일을 했죠.

그러나 아무리 사랑하는 제자라 할지라도 그 제자가 대의를 저버렸을 때

공자의 분노는 폭발하는 화산과도 같았습니다.

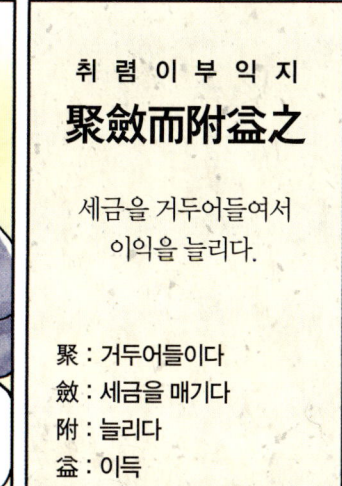

11-17 柴也愚, 參也魯, 師也辟, 由也喭.
시야우 삼야노 사야벽 유야언

공자께서 말씀하셨다.

"시(柴: 자고子羔)는 어리석고, 삼(參: 증삼曾參)은 노둔하고,
사(師: 자장子張)는 치우쳤고, 유(由: 자로子路)는 거칠다."

우는 지혜가 부족하여 어리석은 것이고

노는 아둔한 성격을 말하죠.

벽은 용모나 행동거지에만 신경 쓰며 성실함이 부족한 것을 말하고

언은 거칠고 품위가 없는 것을 말하는데

증삼에게서 도(道)가 전해졌다고 믿는 송유들은 증삼을 옹호하기에 바빴죠.

본문에는 '자왈'이 빠져 있지만, 공자의 말로 해석했습니다.

11-18 子曰: "回也其庶乎! 屢空. 賜不受命, 而貨殖焉, 億則屢中."
자왈 회야기서호 누공 사불수명 이화식언 억즉누중

공자께서 말씀하셨다.

"앞서 말한 인물들에 비한다면, 안회야말로 완벽에 가까웠지!
그러나 그는 가난하여 자주 끼니를 굶었단다.
사(賜: 자공)는 천운을 타지 않는데도 재화가 늘어났다.
그 녀석은 억측을 해도 자주 들어맞았다."

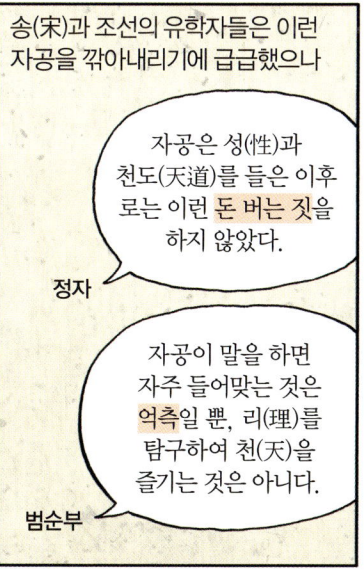

선진제십일(先進第十一)

11-19 子張問善人之道. 子曰:"不踐迹, 亦不入於室."
자장문선인지도 자왈 불천적 역불입어실

자장이 선인(善人)의 도(道)에 관해 여쭈었다.
공자께서 말씀하셨다.

"성인의 발자취를 밟고 따라가는 각고의 노력이 없으면
또한 저 깊은 경지에는 들어갈 수가 없다."

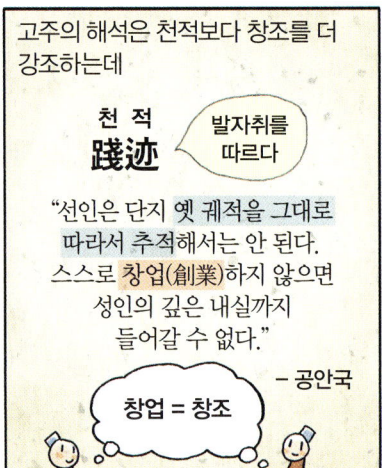

11-20 子曰: "論篤是與, 君子者乎? 色莊者乎?"
자왈   논독시여   군자자호   색장자호

공자께서 말씀하셨다.

"말하는 것이 돈독하게 보인다고
그런 사람과 더불어 하는 사람을, 군자(君子)라고 해야 할까?
외면만 그럴싸하게 꾸미는 자라고 해야 할까?"

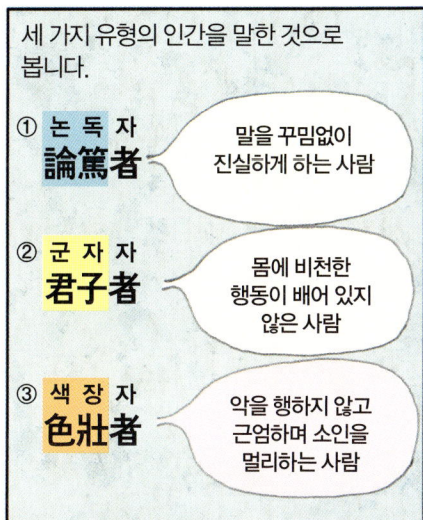

선진제십일(先進第十一)

11-21

子路問: "聞斯行諸?" 子曰: "有父兄在, 如之何其聞斯行之?"
자로문　문사행저　자왈　유부형재　여지하기문사행지

자로가 여쭈었다.

"바른 도리를 들으면 곧바로 실행해야 합니까?"

이에 공자께서 말씀하셨다.

"부모형제가 살아있는데, 어떻게 바른 도리를 듣는다고 곧바로 그것을 실행할 수 있겠느냐!"

冉有問: "聞斯行諸?" 子曰: "聞斯行之."
염유문　문사행저　자왈　문사행지

염유가 여쭈었다.

"바른 도리를 들으면 곧바로 실행해야 합니까?"

이에 공자께서 말씀하셨다.

"암 그렇구 말구. 바른 도리를 들으면 곧바로 그것을 실행해야 하느니라."

公西華曰: "由也問, '聞斯行諸?' 子曰, '有父兄在.' 求也問, '聞斯行諸?'
공서화왈　유야문　문사행저　자왈　유부형재　구야문　문사행저

子曰, '聞斯行之.' 赤也惑, 敢問."
자왈　문사행지　적야혹　감문

이 이야기를 두 번 다 옆에서 들은 공서화(公西華)가 말하였다.

"유(由: 자로)가 '바른 도리를 들으면 곧바로 실행해야 합니까'라고 물었을 때는 공자께서 '부모형제가 살아있는데, 어떻게 바른 도리를 듣는다고 그것을 곧바로 실행할 수 있겠느냐'라고 대답하시고, 구(求: 염유)가 '바른 도리를 들으면 곧바로 실행해야 합니까'라고 물었을 때는, '암 그렇구 말구. 바른 도리를 들으면 곧바로 그것을 실행해야 하느니라'라고 대답하시니, 적(赤: 공서화) 저는 당혹하여 감히 여쭙나이다."

子曰: "求也退, 故進之; 由也兼人, 故退之."
자왈　구야퇴　고진지　유야겸인　고퇴지

이에 공자께서 말씀하셨다.

"구(求: 염유)는 평소 물러나기만 하는 성격이라 앞으로 나아가게 한 것이요, 유(由: 자로)는 평소 사람을 앞서 질러 나아가기만 하는 성격이라 뒤로 물러나게 한 것이니라."

11-22 子畏於匡, 顏淵後. 子曰: "吾以女爲死矣!"
자 외 어 광　안 연 후　자 왈　　오 이 여 위 사 의

曰: "子在, 回何敢死?"
왈　　자 재　회 하 감 사

공자께서 광 땅에서 포위되어 죽음을 두려워해야 할 곤경에 빠져 있었다. 이때 안연은 뒤처져 있었다. 안연이 뒤늦게야 당도하자, 공자께서 말씀하셨다.

"회(回: 안연의 이름)야! 난 네가 죽은 줄로만 알았다."

이에 안연은 말하였다.

"선생님께서 살아계시거늘 저 회(回)가 어찌 감히 죽을 수 있겠습니까?"

처참한 극한 상황에서 인간에 대한 사랑과 운명의 확신을 느끼게 해주는 장면입니다.

앞서 공자가 광(匡) 땅에서 위험에 처했던 사건이 [자한]편에 나왔었죠.

자 외 어 광
子畏於匡
[자한] 5

이 장도 그때 일어났던 일을 기록한 것으로 보입니다.

광 사람들이 공자를 이 지역을 침략했던 양호로 오해하여 감금한 사건

목숨이 위험할 수도 있던 상황에서 안회는 홀로 뒤처졌죠.

안 연 후
顏淵後

회는 무사할까?
붙잡힌 건 아닌가?
몸도 약한 애가 혹시…

그러다 안회가 나타나자 공자는 거의 울부짖습니다.

헐레벌떡

스승님, 괜찮으십니까?

회야!

오 이 여 위 사 의
吾以女爲死矣

난 네가 죽은 줄로만 알았다!

으헝
엉-

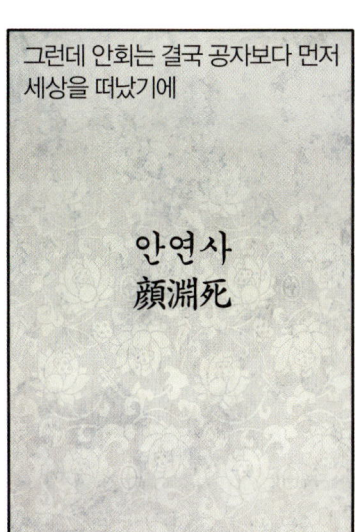

11-23

季子然問:"仲由、冉求, 可謂大臣與?"
계자연문 중유 염구 가위대신여

계씨의 집안사람인 계자연(季子然)이 여쭈었다.

"우리 집 가신 노릇을 하고 있는 중유(仲由: 자로)와 염구는 훌륭한 신하라고 일컬을 만합니까?"

子曰:"吾以子爲異之問, 曾由與求之問. 所謂大臣者,
자왈 오이자위이지문 증유여구지문 소위대신자

以道事君, 不可則止. 今由與求也, 可謂具臣矣."
이도사군 불가즉지 금유여구야 가위구신의

이에 공자께서 말씀하셨다.

"나는 그대가 좀 색다른 질문을 할 것으로 기대했었는데, 겨우 유(由: 자로)와 구(求: 염구)에 관한 질문을 하는구나. 이른바 훌륭한 신하라고 하는 것은 있는 동안은 도(道)로써 임금을 섬기고, 그것이 불가능하게 되면 곧 떠나는 것이다. 그런데 지금 유와 구는 그만한 수준은 못되고 보통 신하로서 숫자를 채우고 있다고 일컬을 수 있다."

曰:"然則從之者與?" 子曰:"弒父與君, 亦不從也."
왈 연즉종지자여 자왈 시부여군 역부종야

계자연이 여쭈었다.

"그렇다면 그들은 맹종키만 하는 자들이옵니까?"

이에 공자께서 말씀하셨다.

"아비와 임금을 시해하는 일에는 절대 따르는 일이 없을 것이다."

11-24 子路使子羔爲費宰. 子曰:"賊夫人之子."
자로사자고위비재   자왈   적부인지자

자로(子路)가 자고(子羔)를 비읍(費邑)의 읍재(邑宰)로 삼았다.
이에 공자께서 말씀하셨다.

"멀쩡한 남의 자식 하나 버리겠구나!"

子路曰:"有民人焉, 有社稷焉, 何必讀書, 然後爲學?"
자로왈   유민인언   유사직언   하필독서   연후위학

子曰:"是故惡夫佞者."
자왈   시고오부녕자

자로가 말씀드렸다.

"백성이 있고, 사직이 있으면 정치를 하면서도
배울 수 있는 게 아닐까요? 하필 책을 읽고 난
연후에만 배운다고 말할 수 있겠습니까?"

이에 공자께서 말씀하셨다.

"이러기에 내가
말재주가 있는 자가 밉다고
평소 말하는 것이다."

자로는 통이 큰 사람이라 별 생각
없이 후배를 비읍의 읍재로
삼았는데,

자고는 앞서 공자가 '어리석은 녀석'
이라고 평했던 제자이고,

비읍은 계씨가 덕망이 높던 민자건을
읍재로 삼으려다 실패했던 그 문제의
성읍이죠.

"또다시 나를
부르러 오면
문수(汶水)로
달려갈 거다~"

— [옹야] 7

11-25 子路、曾晳、冉有、公西華侍坐.
자로 증석 염유 공서화시좌

자로와 증석과 염유와 공서화가 공자를 모시고
대청마루에 둘러앉아 있었다.

子曰: "以吾一日長乎爾, 毋吾以也. 居則曰: '不吾知也!' 如或知爾, 則何以哉?"
자왈   이오일일장호이 무오이야 거즉왈   불오지야   여혹지이   즉하이재

이때 공자께서 말씀하셨다.

"내가 너희들보다 하루라도 더 나이를 먹었다고 나를 어렵게 생각하지 말라.
너희들은 평소 말하기를, '나를 알아주는 사람이 없습니다'라고
투덜거리지만, 만약 여기 어떤 사람이 있어 너희들을 기용키 위해
그 사람됨을 알아보려고 한다면 과연 무엇으로써 너희들은 자신을
알리려느냐? 각자 포부를 말해보렴."

子路率爾而對曰: "千乘之國, 攝乎大國之間, 加之以師旅, 因之以饑饉;
자로솔이이대왈   천승지국   섭호대국지간   가지이사려   인지이기근

由也爲之, 比及三年, 可使有勇, 且知方也." 夫子哂之.
유야위지 비급삼년 가사유용 차지방야   부자신지

이때 자로가 대뜸 쌈박하게 대답하여 말하였다.

이 말을 듣고 부자께서 빙그레 웃으셨다.

"천승의 나라가, 강대국 사이에 끼어 곤경에 처하고
대군이 덮치는 전란을 겪어 기아에 허덕여도, 유(由) 제가
다스린다면, 3년 만에 백성들을 용맹스럽게 만들 수 있고,
또 바르게 사는 도리를 알 수 있게 만들 수 있습니다."

"求! 爾何如?" 對曰: "方六七十, 如五六十, 求也爲之, 比及三年, 可使足民.
구 이하여   대왈   방육칠십 여오육십 구야위지 비급삼년   가사족민

如其禮樂, 以俟君子."
여기예악   이사군자

"구(求: 염유)야! 너는 어떠하뇨?"

하시자, 구는 다음과 같이
대답하여 말하였다.

"사방 6·70리 정도나, 5·60리 정도 되는
작은 나라를 구(求) 제가 다스린다면, 3년이
흐르는 세월 안에 백성들의 경제를 유족하게 만들 수
있겠나이다. 그 나라의 예악을 아름답게 만들기
위해서는 저보다 나은 군자를 모셔오겠나이다."

"赤! 爾何如?" 對曰: "非曰能之, 願學焉. 宗廟之事, 如會同, 端章甫, 願爲小相焉."
적   이하여   대왈   비왈능지 원학언 종묘지사 여회동 단장포 원위소상언

"적(赤: 공서화)아! 너는 어떠하뇨?" 하시자, 적은 다음과 같이 대답하여 말하였다.

"제가 말씀드리는 것이 제가 이미 능숙하다고 해서 말씀드리는 것은 아닙니다. 열심히 배우기를 원하옵니다. 종묘의 제사나 제후들의 작은 모임(會), 큰 모임(同)에 소매 끝동과 깃에 검은 선을 두른 현단복(玄端服)을 입고 장포관(章甫冠)을 쓰고 정치를 도와드리는 배후의 작은 집례자(執禮者)가 되기를 원하옵니다."

"點! 爾何如?" 鼓瑟希, 鏗爾, 舍瑟而作. 對曰: "異乎三子者之撰."
점 이하여   고슬희 갱이 사슬이작   대왈   이호삼자자지찬

"점(點: 증석)아! 너는 어떠하뇨?" 물으셨는데, 점은 그때까지 슬(瑟)을 여유롭게 튕기고 있었다. 공자의 말씀을 듣는 순간 강렬한 쇳소리가 나듯 마지막 선율을 뜯는다. 그리고 무릎에 있던 슬을 내려놓고 일어나 대답하여 말하였다.

"저는 세 사람이 가지고 있는 생각의 방향과는 좀 다르옵니다."

子曰: "何傷乎? 亦各言其志也." 曰: "莫春者, 春服旣成, 冠者五六人,
자왈   하상호   역각언기지야   왈   모춘자 춘복기성 관자오육인

童子六七人, 浴乎沂, 風乎舞雩, 詠而歸."
동자육칠인 욕호기 풍호무우 영이귀

공자께서 말씀하셨다.

"누구에게 상처를 주랴! 각기 자기의 뜻을 말했을 뿐인데, 어서 말해보렴."

증석이 말하였다.

"그럼 말씀드리겠습니다. 늦은 봄 음력 삼월에 흩날리는 봄옷을 갖추어 입고, 원복 입고 갓을 쓴 성인 5·6인, 십대의 동자 6·7인을 데리고 저 남쪽 기수(沂水)에서 목욕을 한 후, 기우제를 올리는 무우(舞雩)단 위에서 바람 쐬고 노래를 읊으며 돌아오렵니다."

夫子喟然嘆曰: "吾與點也!"
부자위연탄왈   오여점야

부자께서 들으시고 아~ 감동의 탄식을 내쉬면서 말씀하셨다.

"나는 점과 같이 하겠노라."

선진제십일(先進第十一)

三子者出, 曾晳後. 曾晳曰: "夫三子者之言何如?" 子曰: "亦各言其志也已矣."
삼자자출 증석후 증석왈 부삼자자지언하여 자왈 역각언기지야이의

세 사람이 다 나가고 그 자리에 증석만 공자 옆에 앉게 되었다.
증석이 여쭈었다.

공자께서 말씀하셨다.

"저 세 사람의 말이 어떠합니까?"

"각기 자기의 포부를 말했을 뿐이니라."

曰: "夫子何哂由也?" 曰: "爲國以禮, 其言不讓, 是故哂之."
왈 부자하신유야 왈 위국이례 기언불양 시고신지

증석이 여쭈었다.

이에 공자께서 말씀하셨다.

"부자께서는 어찌하여
유(由: 자로)의 말에 대해서는
빙그레 웃음지으셨습니까?"

"한 나라를 맡아 다스린다는 것은 예(禮)로써
다스리지 않을 수 없는 것인데, 단지 그 말이 너무
겸손이 없었다. 그러한 이유로 빙그레 웃은 것이다."

"唯求則非邦也與?" "安見方六七十, 如五六十, 而非邦也者?"
유구즉비방야여 안견방육칠십 여오육십 이비방야자

증석이 또 여쭈었다.

이에 공자께서 말씀하셨다.

"구(求: 염구)가 말한 것도
한 나라를 다스리는 것이
아니었습니까?"

"그러게 말이다. 사방 6·70리, 5·60리나 되는
지역 치고 나라 아닌 게 어디 있겠느냐?
당당히 나라를 다스린다고 말할 것이지
사방 6·70리, 5·60리 운운한 것은 구차스럽다."

"唯赤則非邦也與?" "宗廟會同, 非諸侯而何? 赤也爲之小, 孰能爲之大?"
유적즉비방야여 종묘회동 비제후이하 적야위지소 숙능위지대

증석이 또 여쭈었다.

이에 공자께서 말씀하셨다.

"적(赤: 공서화)이 말한것 또한
한 나라를 다스리는 것이
아니겠습니까?"

"그러게 말이다. 종묘의 제사와 회(會)와 동(同)의
모임이 다 제후의 일이 아니고 무엇이랴!
적(赤) 그놈이 배후의 작은 인물이라고 한다면 누가 능히
그놈보다 더 큰 벼슬을 한다고 말할 수 있겠느냐?"

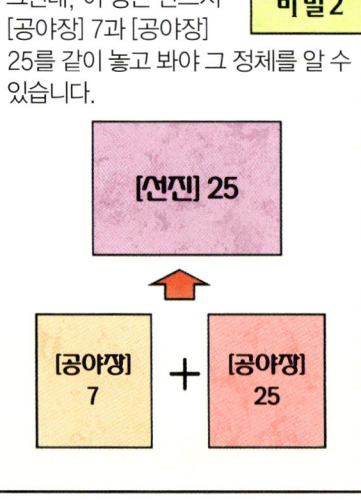

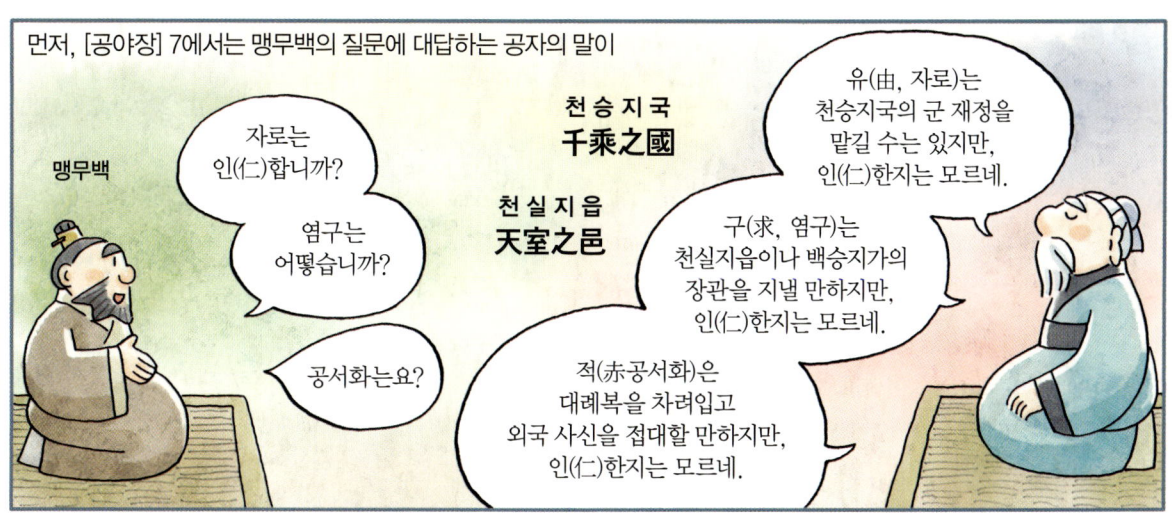

부록 만화

계림동산의 기록

이 만화는 도올 선생님의 저서 〈계림수필〉의 내용을 기초로 만들었습니다.

새 식구 맞이

유월이들 탄생

봉혜의 병아리 교육

사색

마지막 수업

항상 새끼들에게 먹이를 양보하고

남은 먹이만 조금 먹고 말던 봉혜가

병아리를 낳은 지 46일째 되던 날, 새끼들을 쪼아 곁에 오지 못하게 하더니

우와앙~

맨 처음 봉혜의 청춘을 과시하던 측백나무 위로 다시 올라가 버렸다.

엄마… 엉엉

유월이들

마지못해 독립하게 된 유월이들.

메시

1인자.
몸집이 크진 않지만 카리스마가 있고 발성 연습에 공을 들인다.

리즈

2인자.
메시를 따라 한다.

길가 / 바로

3, 4인자.
눈칫밥을 먹지만 의협심이 있다.

오시

유월이들 중 유일한 백설공주

수탉 노래 소리

이중창

치킨킹

구월이들

방음방

삼중창

이별의 날

진짜다

마지막 수업 2

봉혜처럼 살리라

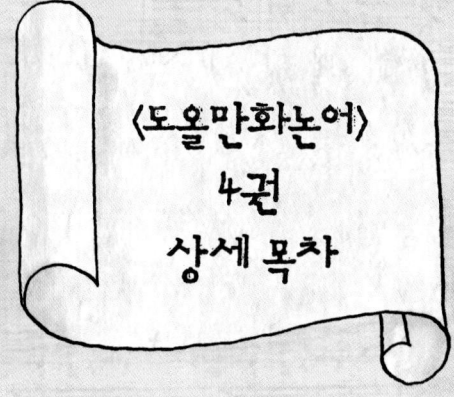

술이제칠(述而第七)

7-1 子曰：“述而不作，信而好古，竊比於我老彭.” · 8
자왈　술이부작　신이호고　절비어아노팽

7-2 子曰：“默而識之，學而不厭，誨人不倦，· 11
자왈　묵이식지　학이불염　회인불권

7-3 子曰：“德之不修，學之不講，聞義不能徙，· 12
자왈　덕지불수　학지불강　문의불능사

7-4 子之燕居，申申如也，夭夭如也。· 13
자지연거　신신여야　요요여야

7-5 子曰：“甚矣吾衰也! 久矣吾不復夢見周公！” · 14
자왈　심의오쇠야　구의오불부몽견주공

7-6 子曰：“志於道，據於德，依於仁，游於藝.” · 15
자왈　지어도　거어덕　의어인　유어예

7-7 子曰：“自行束脩以上，吾未嘗無誨焉.” · 16
자왈　자행속수이상　오미상무회언

7-8 子曰：“不憤不啓，不悱不發. 擧一隅不以三隅反，則不復也.” · 17
자왈　불분불계　불비불발　거일우불이삼우반　즉불부야

7-9 子食於有喪者之側，未嘗飽也。· 18
자식어유상자지측　미상포야

7-10 子謂顔淵曰：“用之則行，舍之則藏，惟我與爾有是夫！” · 19
자위안연왈　용지즉행　사지즉장　유아여이유시부

7-11 子曰：“富而可求也，雖執鞭之士，吾亦爲之. · 21
자왈　부이가구야　수집편지사　오역위지

7-12 子之所愼：齊，戰，疾。· 22
자지소신　재　전　질

7-13 子在齊聞韶，三月不知肉味。· 24
자재제문소　삼월부지육미

7-14 冉有曰：“夫子爲衛君乎？” · 25
염유왈　부자위위군호

7-15 子曰：“飯疏食飮水，曲肱而枕之，樂亦在其中矣. · 28
자왈　반소사음수　곡굉이침지　낙역재기중의

7-16 子曰：“加我數年，五十以學易，可以無大過矣.” · 29
자왈　가아수년　오십이학역　가이무대과의

7-17 子所雅言，詩、書、執禮，· 31
자소아언　시　서　집례

7-18 葉公問孔子於子路，· 33
섭공문공자어자로

7-19 子曰:"我非生而知之者, 好古, 敏以求之者也。"·35
자왈 아비생이지지자 호고 민이구지자야

7-20 子不語 怪、力、亂、神。·37
자불어 괴 력 난 신

7-21 子曰:"三人行, 必有我師焉。·40
자왈 삼인행 필유아사언

7-22 子曰:"天生德於予, 桓魋其如予何?"·41
자왈 천생덕어여 환퇴기여여하

7-23 子曰:"二三子! 以我爲隱乎? 吾無隱乎爾。·42
자왈 이삼자 이아위은호 오무은호이

7-24 子以四敎: 文、行、忠、信。·43
자이사교 문 행 충 신

7-25 子曰:"聖人, 吾不得而見之矣!·44
자왈 성인 오부득이견지의

7-26 子釣而不綱, 弋不射宿。·45
자조이불강 익불석숙

7-27 子曰:"蓋有不知而作之者, 我無是也。·46
자왈 개유부지이작지자 아무시야

7-28 互鄕難與言, 童子見, 門人惑。·47
호향난여언 동자견 문인혹

7-29 子曰:"仁遠乎哉? 我欲仁, 斯仁至矣。"·48
자왈 인원호재 아욕인 사인지의

7-30 陳司敗問:"昭公知禮乎?"·50
진사패문 소공지례호

7-31 子與人歌而善, 必使反之, 而後和之。·52
자여인가이선 필사반지 이후화지

7-32 子曰:"文, 莫吾猶人也。躬行君子, 則吾未之有得。"·54
자왈 문 막오유인야 궁행군자 즉오미지유득

7-33 子曰:"若聖與仁, 則吾豈敢?·55
자왈 약성여인 즉오기감

7-34 子疾病, 子路請禱。·56
자질병 자로청도

7-35 子曰:"奢則不孫, 儉則固。與其不孫也, 寧固。"·58
자왈 사즉불손 검즉고 여기불손야 영고

7-36 子曰:"君子坦蕩蕩, 小人長戚戚。"·59
자왈 군자탄탕탕 소인장척척

7-37 子溫而厲, 威而不猛, 恭而安。·60
자온이려 위이불맹 공이안

태백제팔(泰伯第八)

8-1 子曰:"泰伯, 其可謂至德也已矣。· 62
자왈   태백   기가위지덕야이의

8-2 子曰:"恭而無禮則勞, 愼而無禮則葸, · 63
자왈   공이무례즉로   신이무례즉시

8-3 曾子有疾, 召門弟子曰:"啓予足! 啓予手! · 65
증자유질 소문제자왈   계여족   계여수

8-4 曾子有疾, 孟敬子問之。· 67
증자유질 맹경자문지

8-5 曾子曰:"以能問於不能, 以多問於寡, · 69
증자왈   이능문어불능   이다문어과

8-6 曾子曰:"可以託六尺之孤, · 70
증자왈   가이탁육척지고

8-7 曾子曰:"士不可以不弘毅, 任重而道遠。· 72
증자왈   사불가이불홍의   임중이도원

8-8 子曰:"興於詩, 立於禮, 成於樂。· 74
자왈   흥어시   입어례   성어악

8-9 子曰:"民可使由之, 不可使知之。" · 76
자왈   민가사유지   불가사지지

8-10 子曰:"好勇疾貧, 亂也。· 78
자왈   호용질빈   난야

8-11 子曰:"如有周公之才之美, 使驕且吝, · 79
자왈   여유주공지재지미   사교차린

8-12 子曰:"三年學, 不至於穀, 不易得也。" · 80
자왈   삼년학   부지어곡   불이득야

8-13 子曰:"篤信好學, 守死善道。· 81
자왈   독신호학   수사선도

8-14 子曰:"不在其位, 不謀其政。" · 82
자왈   부재기위   불모기정

8-15 子曰:"師摯之始, 關雎之亂, 洋洋乎盈耳哉!" · 83
자왈   사지지시   관저지란   양양호영이재

8-16 子曰:"狂而不直, 侗而不愿, 悾悾而不信, 吾不知之矣。" · 85
자왈   광이부직   통이불원   공공이불신   오부지지의

8-17 子曰:"學如不及, 猶恐失之。" · 86
자왈   학여불급   유공실지

8-18 子曰:"巍巍乎, 舜禹之有天下也而不與焉。" · 87
자왈   외외호   순우지유천하야이불여언

8-19	子曰: "大哉, 堯之爲君也! · 88
	자왈 대재 요지위군야
8-20	舜有臣五人, 而天下治。· 89
	순유신오인 이천하치
8-21	子曰: "禹, 吾無間然矣。· 91
	자왈 우 오무간연의

자한제구(子罕第九)

9-1	子罕言利與命與仁。· 96
	자한언리여명여인
9-2	達巷黨人曰: "大哉孔子! 博學而無所成名。" · 98
	달항당인왈 대재공자 박학이무소성명
9-3	子曰: "麻冕, 禮也; 今也純, 儉。吾從衆。· 101
	자왈 마면 예야 금야순 검 오종중
9-4	子絕四: 毋意, 毋必, 毋固, 毋我。· 102
	자절사 무의 무필 무고 무아
9-5	子畏於匡, 曰: "文王旣沒, 文不在玆乎? · 103
	자외어광 왈 문왕기몰 문부재자호
9-6	大宰問於子貢曰: "夫子聖者與? 何其多能也?" · 105
	태재문어자공왈 부자성자여 하기다능야
9-7	子曰: "吾有知乎哉? 無知也。· 108
	자왈 오유지호재 무지야
9-8	子曰: "鳳鳥不至, 河不出圖, 吾已矣夫!" · 109
	자왈 봉조부지 하불출도 오이의부
9-9	子見齊衰者, 冕衣裳者與瞽者, · 111
	자견자최자 면의상자여고자
9-10	顏淵喟然歎曰: "仰之彌高, 鑽之彌堅。· 112
	안연위연탄왈 앙지미고 찬지미견
9-11	子疾病, 子路使門人爲臣。· 114
	자질병 자로사문인위신
9-12	子貢曰: "有美玉於斯, · 116
	자공왈 유미옥어사
9-13	子欲居九夷。· 117
	자욕거구이
9-14	子曰: "吾自衛反魯, 然後樂正, 雅頌各得其所。" · 119
	자왈 오자위반노 연후악정 아송각득기소

9-15 　子曰：“出則事公卿，入則事父兄，·120
　　　자왈　　출즉사공경　입즉사부형

9-16 　子在川上，曰：“逝者如斯夫! 不舍晝夜。”·121
　　　자재천상　왈　　서자여사부　불사주야

9-17 　子曰：“吾未見好德如好色者也。”·123
　　　자왈　　오미견호덕여호색자야

9-18 　子曰：“譬如爲山，未成一簣，止，吾止也。·125
　　　자왈　　비여위산　미성일궤　지　오지야

9-19 　子曰：“語之而不惰者，其回也與!”·126
　　　자왈　　어지이불타자　기회야여

9-20 　子謂顔淵，曰：“惜乎! 吾見其進也，未見其止也。”·127
　　　자위안연　왈　　석호　오견기진야　미견기지야

9-21 　子曰：“苗而不秀者，有矣夫!·127
　　　자왈　　묘이불수자　유의부

9-22 　子曰：“後生可畏，焉知來者之不如今也？·128
　　　자왈　　후생가외　언지래자지불여금야

9-23 　子曰：“法語之言，能無從乎？·130
　　　자왈　　법어지언　능무종호

9-24 　子曰：“主忠信，毋友不如己者，過則勿憚改。”·131
　　　자왈　　주충신　무우불여기자　과즉물탄개

9-25 　子曰：“三軍可奪帥也，匹夫不可奪志也。”·131
　　　자왈　　삼군가탈수야　필부불가탈지야

9-26 　子曰：“衣敝縕袍，與衣狐貉者立而不恥者，·132
　　　자왈　　의폐온포　여의호학자립이불치자

9-27 　子曰：“歲寒，然後知松柏之後彫也。”·135
　　　자왈　　세한　연후지송백지후조야

9-28 　子曰：“知者不惑，仁者不憂，勇者不懼。”·138
　　　자왈　　지자불혹　인자불우　용자불구

9-29 　子曰：“可與共學，未可與適道；·138
　　　자왈　　가여공학　미가여적도

9-30 　“唐棣之華，偏其反而。豈不爾思？室是遠而。”·140
　　　당체지화　편기반이　기불이사　실시원이

향당제십(鄕黨第十)

10-1 孔子於鄕黨, 恂恂如也, 似不能言者。· 143
공자어향당　순순여야　사불능언자

10-2 朝, 與下大夫言, 侃侃如也；· 144
조　여하대부언　간간여야

10-3 君召使擯, 色勃如也, 足躩如也。· 145
군소사빈　색발여야　족각여야

10-4 入公門, 鞠躬如也, 如不容。· 147
입공문　국궁여야　여불용

10-5 執圭, 鞠躬如也, 如不勝。· 150
집규　국궁여야　여불승

10-6A 君子不以紺緅飾。· 152
군자불이감추식

10-6B 紅紫不以爲褻服。· 153
홍자불이위설복

10-6C 當暑, 袗絺綌, 必表而出之。· 153
당서　진치격　필표이출지

10-6D 緇衣, 羔裘；素衣, 麑裘；黃衣, 狐裘。· 154
치의　고구　소의　예구　황의　호구

10-6E 褻裘長, 短右袂。· 155
설구장　단우몌

10-6F 必有寢衣, 長一身有半。· 155
필유침의　장일신유반

10-6G 狐貉之厚以居。· 156
호학지후이거

10-6H 去喪, 無所不佩。· 156
거상　무소불패

10-6I 非帷裳, 必殺之。· 157
비유상　필쇄지

10-6J 羔裘玄冠不以弔。· 157
고구현관불이조

10-6K 吉月, 必朝服而朝。· 158
길월　필조복이조

10-7A 齊, 必有明衣, 布。· 158
재　필유명의　포

10-7B 齊必變食, 居必遷坐。· 159
재필변식　거필천좌

10-8A 食不厭精, 膾不厭細。· 160
사불염정 회불염세

10-8B 食饐而餲, 魚餒而肉敗, 不食。· 161
사의이애 어뇌이육패 불식

10-8C 割不正不食, 不得其醬不食。· 162
할부정불식 부득기장불식

10-8D 肉雖多, 不使勝食氣。唯酒無量, 不及亂。· 163
육수다 불사승사기 유주무량 불급란

10-8E 沽酒市脯, 不食。· 164
고주시포 불식

10-8F 不撤薑食。· 164
불철강식

10-8G 不多食。· 165
부다식

10-8H 祭於公, 不宿肉。祭肉不出三日, 出三日, 不食之矣。· 165
제어공 불숙육 제육불출삼일 출삼일 불식지의

10-8I 食不語, 寢不言。· 166
식불어 침불언

10-8J 雖疏食菜羹, 瓜祭, 必齊如也。· 167
수소사채갱 과제 필제여야

10-9 席不正, 不坐。· 168
석부정 부좌

10-10A 鄕人飲酒, 杖者出, 斯出矣。· 169
향인음주 장자출 사출의

10-10B 鄕人儺, 朝服而立於阼階。· 169
향인나 조복이립어조계

10-11A 問人於他邦, 再拜而送之。· 171
문인어타방 재배이송지

10-11B 康子饋藥, 拜而受之。曰: "丘未達, 不敢嘗。"· 172
강자궤약 배이수지 왈 구미달 불감상

10-12 廐焚。子退朝, 曰: "傷人乎?" 不問馬。· 173
구분 자퇴조 왈 상인호 불문마

10-13A 君賜食, 必正席先嘗之。· 174
군사식 필정석선상지

10-13B 侍食於君, 君祭, 先飯。· 175
시식어군 군제 선반

10-13C 疾, 君視之, 東首, 加朝服拖紳。· 176
질 군시지 동수 가조복타신

10-13D	君命召, 不俟駕行矣。·176
	군명소 불사가행의

10-14	入太廟, 每事問。·177
	입태묘 매사문

10-15A	朋友死, 無所歸, 曰: "於我殯。"·177
	붕우사 무소귀 왈 어아빈

10-15B	朋友之饋, 雖車馬, 非祭肉, 不拜。·178
	붕우지궤 수거마 비제육 불배

10-16A	寢不尸, 居不容。·179
	침불시 거불용

10-16B	見齊衰者, 雖狎, 必變。·180
	견자최자 수압 필변

10-16C	凶服者式之。式負版者。·181
	흉복자식지 식부판자

10-16D	有盛饌, 必變色而作。·182
	유성찬 필변색이작

10-16E	迅雷風烈必變。·182
	신뢰풍렬필변

10-17	升車, 必正立, 執綏。車中, 不內顧, 不疾言, 不親指。·183
	승거 필정립 집수 거중 불내고 부질언 불친지

10-18	色斯擧矣, 翔而後集。·184
	색사거의 상이후집

선진제십일(先進第十一)

11-1	子曰: "先進於禮樂, 野人也; 後進於禮樂, 君子也。"·188
	자왈 선진어예악 야인야 후진어예악 군자야

11-2	子曰: "從我於陳、蔡者, 皆不及門也。"·190
	자왈 종아어진 채자 개불급문야

11-3	子曰: "回也, 非助我者也! 於吾言, 無所不說!"·192
	자왈 회야 비조아자야 어오언 무소불열

11-4	子曰: "孝哉! 閔子騫。人不間於其父母昆弟之言。"·193
	자왈 효재 민자건 인불간어기부모곤제지언

11-5	南容三復白圭, 孔子以其兄之子妻之。·193
	남용삼복백규 공자이기형지자처지

11-6	季康子問: "弟子孰爲好學?"·194
	계강자문 제자숙위호학

11-7 顔淵死, 顔路請子之車以爲之槨。· 195
안연사 안로청자지거이위지곽

11-8 顔淵死, 子曰:"噫! 天喪予! 天喪予!"· 197
안연사 자왈 희 천상여 천상여

11-9 顔淵死, 子哭之慟。· 199
안연사 자곡지통

11-10 顔淵死, 門人欲厚葬之。· 200
안연사 문인욕후장지

11-11 季路問事鬼神。子曰:"未能事人, 焉能事鬼?"· 202
계로문사귀신 자왈 미능사인 언능사귀

11-12 閔子侍側, 誾誾如也;子路, 行行如也;· 206
민자시측 은은여야 자로 항항여야

11-13 魯人爲長府。· 207
노인위장부

11-14 子曰:"由之瑟, 奚爲於丘之門?"· 208
자왈 유지슬 해위어구지문

11-15 子貢問:"師與商也孰賢?"· 210
자공문 사여상야숙현

11-16 季氏富於周公, 而求也爲之聚斂而附益之。· 212
계씨부어주공 이구야위지취렴이부익지

11-17 柴也愚, 參也魯, 師也辟, 由也喭。· 214
시야우 삼야노 사야벽 유야언

11-18 子曰:"回也其庶乎!"· 215
자왈 회야기서호

11-19 子張問善人之道。· 216
자장문선인지도

11-20 子曰:"論篤是與, 君子者乎? 色壯者乎?"· 217
자왈 논독시여 군자자호 색장자호

11-21 子路問:"聞斯行諸?"· 218
자로문 문사행저

11-22 子畏於匡, 顔淵後。子曰:"吾以女爲死矣!"· 220
자외어광 안연후 자왈 오이여위사의

11-23 季子然問:"仲由、冉求, 可謂大臣與?"· 222
계자연문 중유 염구 가위대신여

11-24 子路使子羔爲費宰。· 224
자로사자고위비재

11-25 子路、曾晳、冉有、公西華侍坐。· 226
자로 증석 염유 공서화시좌

도올만화논어 4

2014년 10월 3일 초판발행
2017년 5월 18일 1판 2쇄

지은이 · 보현
펴낸이 · 남호섭
편집책임 · 김인혜
디자인 · 권진영
채색 · 안승희 박진숙
편집 · 제작 · 오성룡 임진권 신수기
펴낸곳 · 통나무

주소 · 서울 종로구 동숭동 199-27
전화 · (02) 744-7992
팩스 · (02) 762-8520
출판등록 · 1989.11.3. 제1-970호
값 · 12,900원

ⓒ Bo-Hyon, 2014

ISBN 978-89-8264-504-4
ISBN 978-89-8264-500-6 (전5권)